Effizienz der Gesundheit:

Marina Ferenț-Pipaș
Viorela Ligia Văidean

Effizienz der Gesundheitssysteme – eine länderübergreifende Vergleichsstudie

ScienciaScripts

Imprint

Any brand names and product names mentioned in this book are subject to trademark, brand or patent protection and are trademarks or registered trademarks of their respective holders. The use of brand names, product names, common names, trade names, product descriptions etc. even without a particular marking in this work is in no way to be construed to mean that such names may be regarded as unrestricted in respect of trademark and brand protection legislation and could thus be used by anyone.

Cover image: www.ingimage.com

This book is a translation from the original published under ISBN 978-3-659-82323-7.

Publisher:
Sciencia Scripts
is a trademark of
Dodo Books Indian Ocean Ltd. and OmniScriptum S.R.L publishing group

120 High Road, East Finchley, London, N2 9ED, United Kingdom
Str. Armeneasca 28/1, office 1, Chisinau MD-2012, Republic of Moldova, Europe

ISBN: 978-620-8-20025-1

Copyright © Marina Ferenț-Pipaș, Viorela Ligia Văidean
Copyright © 2024 Dodo Books Indian Ocean Ltd. and OmniScriptum S.R.L publishing group

An die Menschen, mit denen ich gesegnet bin - an meine Eltern,
an meine Freunde,
an meinen Co-Autor:
Ich danke euch!

M.F.P.

An Decebal-Remus und Amelia-Victoria:

Für immer ist nicht genug!

V.L.V.

Inhaltsübersicht

Einführung und Zweck der Studie 3

Motivation, Bedeutung und Forschungsmethodik 8

Liste der Abkürzungen 15

1. Ein Überblick über das Gesundheitssystem 16

2. Ländergruppen und Proxys für das Gesundheitswesen 31

3. Regression von Paneldaten 52

Schlussfolgerungen 68

Referenzen 73

Einleitung und Zweck der Studie

Die jüngste Wirtschafts- und Finanzkrise hat die Bedeutung einer effizienten Mittelzuweisung noch einmal unterstrichen. Laut der vom Internationalen Währungsfonds (IWF) im Oktober 2013 veröffentlichten *Datenbank für den Weltwirtschaftsausblick (World Economic Outlook Database)* liegt die für den Zeitraum 2013-2018 prognostizierte durchschnittliche Bruttostaatsverschuldung weltweit bei über 50 % des Bruttoinlandsprodukts (BIP); dieselben Schätzungen weisen für Belgien, Zypern, Eritrea, Griechenland, Grenada, Irland, Italien, Jamaika, Japan, den Libanon, Portugal, Singapur und die Vereinigten Staaten Werte von über 100 % des BIP aus, wobei der Höchstwert in Japan für das Jahr 2013 erreicht wurde (243,55 %).

Eine der größten Herausforderungen bei der aktuellen Politikgestaltung besteht darin, die Ergebnisse des Gesundheitssystems zu verbessern und gleichzeitig dem Kostendruck Rechnung zu tragen, der einerseits durch die aktuelle Haushaltslage und andererseits durch die rasch steigenden Gesundheitskosten (aufgrund der Bevölkerungsalterung, steigender Preise und kostspieliger Entwicklungen in der Medizintechnik) entsteht. Im Bereich der Gesundheitsindikatoren ist der größte öffentliche Datensatz in den Statistiken der Organisation für wirtschaftliche Zusammenarbeit und Entwicklung (OECD) zu finden. Die öffentlichen Ausgaben für das Gesundheitswesen sind einer der größten staatlichen Ausgabenposten und machten 2011 in den OECD-Ländern im Durchschnitt 9,5 % des BIP aus. Darüber hinaus wird ein Anstieg um 3,5 bis 6 Prozentpunkte des BIP bis 2050 prognostiziert. Daher wird die Nutzung von Effizienzgewinnen im Gesundheitswesen eine entscheidende Rolle spielen, um die schnell wachsende Nachfrage nach Gesundheitsleistungen zu decken, ohne die öffentlichen Finanzen auf einen unhaltbaren Pfad zu bringen (*Joumard et al., 2010*).

Vor diesem Hintergrund wird in der vorliegenden Studie versucht, die Welt der Gesundheitssysteme genau zu untersuchen, indem die bestehenden Politiken und Institutionen analysiert werden und nach inneren Kräften gesucht wird, die zur Erreichung der Effizienzziele beitragen. Um mit der Bewertung der bestehenden Ergebnisse des Gesundheitswesens fortzufahren, ist es unerlässlich, den Stand der Dinge, der die Inputs der untersuchten Systeme beschreibt, kurz zu analysieren. Aus diesem Grund führt das erste Kapitel den Leser in die Welt der Gesundheitssysteme ein, indem es sowohl den theoretischen Rahmen auf weltweiter Ebene als auch die bestehende Politik in diesem Bereich auf institutioneller Ebene vorstellt. Es gliedert sich daher in zwei separate Abschnitte: *Grundlegende Begriffe des Gesundheitssystems* und das *Gesundheitswesen aus der Sicht der wichtigsten globalen Organisationen*. Detaillierte Definitionen des heutigen Konzepts des Gesundheitssystems, seines Instrumentariums, der eingebetteten Systeme sowie seiner Funktionen, Ziele und erwarteten Ergebnisse sind im ersten Abschnitt zu finden.

In einem weiteren Abschnitt werden die wichtigsten institutionellen Bemühungen zur Verbesserung des Gesundheitszustands für drei der heute mächtigsten internationalen Organisationen, nämlich die Vereinten Nationen (UN), die OECD und die Europäische Union (EU), aufgeführt und diskutiert. Dieser Abschnitt befasst sich mit der Gesundheitspolitik in den Mitgliedsländern dieser drei Organisationen und deckt den Zeitraum von der Zeit nach dem Zweiten Weltkrieg bis 2020 ab. Darüber hinaus wird den gemeinsamen Bemühungen der wichtigsten supranationalen Institutionen, die durch den *Millennium Development Goals Act* repräsentiert werden, ein besonderer Platz gewidmet.

Das zweite Kapitel, *Ländergruppen und Proxies für die Gesundheitsversorgung*, gliedert sich in zwei Abschnitte: *Charakterisierung der Gesundheitssysteme: Ländergruppen* und *Indikatoren für die Ergebnisse der Gesundheitsversorgung*. Im ersten Abschnitt werden zunächst die Hauptmerkmale der traditionellen Typologien der Gesundheitssysteme vorgestellt, nämlich das Beveridge-Modell (das auf Steuern basiert und viele öffentliche Anbieter hat) und das "gemischte" Bismark-Modell (das durch ein beitragsfinanziertes Sozialversicherungssystem finanziert wird und eine Mischung aus öffentlichen und privaten Anbietern aufweist) im Gegensatz zum Privatversicherungsmodell. Es werden auch mehrere Vor- und Nachteile der einzelnen Systeme aufgeführt.

Auch wenn es sich bei der traditionellen Klassifizierung nur um eine theoretische handelt, da keines der Modelle in seiner reinen Form in der Praxis anzutreffen ist, stellte sie einen guten Ausgangspunkt für mehrere Studien dar, die einen Vergleich der Gesundheitssysteme in der ganzen Welt zum Ziel hatten.

Diese Studien lieferten quantifizierbare Vergleiche zwischen den für die einzelnen Modelle repräsentativen Ländern in Bezug auf den Zugang zur Gesundheitsversorgung, die Qualität der Ergebnisse auf der Grundlage von Frühsterblichkeitsraten, der Zahl der Totgeburten oder der Lebenserwartung bei der Geburt und nicht zuletzt der tatsächlichen und prognostizierten Kosten der Gesundheitsversorgung.

Darüber hinaus konzentrierten sich mehrere Forschungsarbeiten, die im letzten Vierteljahrhundert vom OECD-Verlag veröffentlicht wurden, auf die Gruppierung der OECD-Länder in Cluster auf der Grundlage verschiedener quantitativer und qualitativer Variablen. Das erste Papier, das die Clusteranalyse verwendete, war *Healthcare Systems: Efficiency and Institutions* von *Joumard et al.* Die zur Bildung der sechs Ländergruppen verwendeten Indikatoren wurden auf der Grundlage des *OECD Health Committee Survey on Health System Characteristics* (2009) berechnet. Die in dieser Studie durchgeführte Clusteranalyse bildet einen Schwerpunkt für die vorliegende Studie, um eine bessere vergleichende Analyse der bestehenden Gesundheitspolitik zu ermöglichen.

Der Abschnitt über *die Ergebnisindikatoren des Gesundheitswesens* stellt die Berechnungsmethoden sowie die Daten für die 34 OECD-Länder und Rumänien (Zeitraum 2002-2011) für die gängigsten Indikatoren vor, die als Benchmarks für die Gesundheitssysteme verwendet werden. Konkret geht es um die Lebenserwartung bei der Geburt und die Säuglingssterblichkeitsrate, die die endogenen Variablen für die in Kapitel 3 entwickelten ökonometrischen Modelle darstellen werden; darüber hinaus werden in diesem Abschnitt auch die Lebenserwartung mit 65 Jahren und mögliche verlorene Lebensjahre als mögliche abhängige Variablen für künftige Forschungen behandelt.

Das dritte Kapitel, *Paneldatenregression*, befasst sich mit der Fallstudie, und dieses Kapitel ist in einen ausführlichen Abschnitt mit *Literaturübersicht*, *Forschungsmethodik* sowie *Ergebnissen und Interpretation* unterteilt. So wurden in der Studie einige der zuvor veröffentlichten wissenschaftlichen Arbeiten durchgesehen, die sich mit der Schätzung der Indikatoren für die Ergebnisse der Gesundheitsversorgung durch ökonometrische Modellierung befassten. Die endogenen Variablen, die für die vorliegende Untersuchung berücksichtigt wurden, waren die Lebenserwartung bei der Geburt und die Säuglingssterblichkeitsrate. Zu den gesammelten Daten gehörten die öffentlichen Gesundheitsausgaben, Zahlungen aus eigener Tasche, die Gesamtausgaben für Arzneimittel und andere medizinische Verbrauchsgüter, die Zahl der Ärzte, die Zahl der Krankenschwestern, die Gesamtzahl der Krankenhausbetten, die Zahl der Arztbesuche, die durchschnittliche Aufenthaltsdauer, der Arzneimittelverbrauch und der Alkoholkonsum. Die schrittweise Schätzung erfolgte unter Verwendung der Methode der gewöhnlichen kleinsten Quadrate (OLS) und eines Modells mit festen Effekten (FEM) im Gegensatz zu einem Modell mit zufälligen Effekten (REM). Es wurde REM gewählt und die Ergebnisse wurden interpretiert.

Das letzte Kapitel enthält die allgemeinen Schlussfolgerungen, die aus den im vorherigen Kapitel durchgeführten Untersuchungen gezogen wurden. Alle unabhängigen Variablen der beiden geschätzten Modelle erwiesen sich bei einer Schwelle von 1 % als signifikant. So wird die Variable Lebenserwartung bei der Geburt durch die öffentlichen Gesundheitsausgaben, die Anzahl der in Gesundheitseinrichtungen verbrachten Tage und den Alkoholkonsum erklärt, während die Säuglingssterblichkeitsrate von den öffentlichen Gesundheitsausgaben, der Anzahl der Krankenhausbetten und dem Alkoholkonsum beeinflusst wird. Die Berechnung der Beiträge der wichtigsten erklärenden Variablen zu den länderübergreifenden Unterschieden bei den beiden untersuchten Output-Indikatoren deutet darauf hin, dass kein Gesundheitssystem das andere bei der Bereitstellung einer kosteneffizienten Gesundheitsversorgung übertrifft, so dass in allen sechs Länderclustern Raum für eine Verbesserung der Kosten-Nutzen-Politik besteht.

Motivation, Bedeutung und Forschungsmethodik

Motivation und Wichtigkeit des Themas

Der von der Weltgesundheitsorganisation 2013 veröffentlichte Bericht *"Gesundheit 2020: Die europäische Politik für Gesundheit und Wohlbefinden"* erinnert an zwei wichtige Fragen, die seit den OECD-Gesundheitsministertagungen im Jahr 2010 viel diskutiert wurden: "Wie können die Regierungen in Zeiten der Haushaltsbeschränkung die Gesundheitsergebnisse und den Zugang zu einer qualitativ hochwertigen Versorgung weiter verbessern?" und "Welche Wege sind am vielversprechendsten, um bessere Gesundheitsergebnisse bei möglichst geringen Kosten zu erreichen?". Eine wichtige Erkenntnis der genannten Tagung war, dass die Regierungen sicherstellen müssen, dass die politischen Instrumente, die sie zur kurzfristigen Kontrolle der öffentlichen Ausgaben einsetzen, ihre langfristigen Ziele - gerechtere, reaktionsfähigere, wirksamere und effizientere Gesundheitssysteme - nicht beeinträchtigen.

Viele Forscher waren daran interessiert, die Determinanten der unterschiedlichen Ergebnisse der Gesundheitssysteme sowohl in der Zeit vor als auch nach der aktuellen Finanzkrise zu erklären. Um die Forschung in diesem Bereich zu unterstützen, hat die OECD eine gut entwickelte und vertrauenswürdige Datenbank mit Gesundheitsindikatoren aus ihren Mitgliedsstaaten aufgebaut. In dieser Studie wird versucht, die Entwicklung der Lebenserwartung bei der Geburt und der Säuglingssterblichkeitsraten für den Zeitraum 2002-2011 auf der Grundlage der in dieser Datenbank enthaltenen Indikatoren zu erklären. Die vorliegende Studie schließt Estland, die Slowakei, Israel und Chile aus, da sie erst 2010 der OECD beigetreten sind. Die Studie schloss auch die USA aus dem Panel aus, da die USA ein völlig anderes Gesundheitssystem haben, das hauptsächlich auf privaten Krankenversicherungen basiert.

Der Beitritt Rumäniens zur OECD wurde wiederholt zu einem strategischen Ziel der rumänischen Außenpolitik erklärt, und Rumänien bekräftigte 2012 seine Absicht, Mitglied der OECD zu werden. Als EU-Mitgliedstaat erfüllt Rumänien die OECD-Beitrittskriterien, da der von Rumänien angewandte *EU-Besitzstand* sich an den Empfehlungen der OECD orientiert. Derzeit wird Rumänien von offizieller Seite generell positiv bewertet, so dass das Land mittelfristig der OECD beitreten könnte, was in der vorliegenden Studie jedoch nicht berücksichtigt wurde.

Paradigma der Forschung

Ein Forschungsparadigma ist eine von einer Gemeinschaft von Forschern vertretene Perspektive, die auf einer Reihe von gemeinsamen Annahmen, Konzepten, Werten und Praktiken beruht (*Johnson und Christensen*, 2010). Es umfasst die Forschungsmethoden und Philosophien. Es gibt drei große Forschungsparadigmen: quantitative Forschung, qualitative Forschung und Forschung mit gemischten Methoden.

Das Paradigma der quantitativen Forschung stützt sich in erster Linie auf die Erhebung quantitativer Daten und konzentriert sich auf Hypothesen und Theorien. Andererseits stützt sich das Paradigma der qualitativen Forschung in erster Linie auf die Erhebung qualitativer Daten. Es wird angewandt, wenn nur wenige Informationen über das Forschungsthema vorliegen, um neue Hypothesen und Theorien aufzustellen. Im Gegensatz zu den zuvor beschriebenen reinen Forschungsparadigmen beinhaltet das Forschungsparadigma der gemischten Methoden eine Mischung aus quantitativen und qualitativen Methoden und Merkmalen.

Die Fallstudie dieses Buches wird ein quantitatives Forschungsparadigma anwenden. Es werden quantifizierbare Indikatoren für das Gesundheitswesen aus einer Stichprobe von 29 Ländern verwendet, die über einen Zeitraum von zehn Jahren beobachtet wurden.

Zu erwähnen ist, dass die vorliegende Studie auch die Gruppierung der untersuchten Länder umfasst, die mithilfe einer Hauptkomponentenanalyse (PCA) und einer Clusteranalyse auf der Grundlage quantitativer und qualitativer Variablen vorgenommen wurde. Aufgrund der nicht öffentlich zugänglichen Daten werden in diesem Papier die Ergebnisse der Studie von *Joumard et al.* (2010) verwendet und es wird nicht versucht, eine ähnliche Untersuchung durchzuführen.

Philosophie der Forschung

Die Forschungsphilosophie kann als die Entwicklung des Forschungshintergrunds, des Forschungswissens und seiner Natur definiert werden (*Saunders und Thornhill*, 2007). Es gibt vier große unterschiedliche Philosophien: Pragmatismus, Positivismus, interpretative und realistische Philosophie.

Die Pragmatismus-Philosophie bietet ein gemischtes Methodendesign, bei dem der Forscher sowohl quantitative als auch qualitative Methoden anwenden kann. Die Philosophie des Positivismus stützt sich auf eine stark strukturierte Methodik, die eine Verallgemeinerung und quantifizierbare Beobachtungen ermöglicht, und wertet die Ergebnisse mit Hilfe statistischer Methoden aus. Nach Ansicht der Positivismusforscher gibt es nur eine Realität, die unabhängig von menschlichen Gedanken und Überzeugungen ist. Im Gegensatz zu den Positivisten verstehen und interpretieren die interpretivistischen Forscher das menschliche Verhalten eher, als dass sie verallgemeinern und Ursachen und Wirkungen vorhersagen, da es ihrer Ansicht nach mehr als eine Realität und mehr als einen einzigen strukturierten Weg geben kann, um auf diese Realitäten zuzugreifen. Nicht zuletzt geht der Realismus von einem wissenschaftlichen Ansatz aus, der auf der Interdependenz menschlicher Gedanken und Überzeugungen beruht.

In diesem Buch wird eine positivistische Forschungsphilosophie verfolgt, da die verwendete Forschungsmethode, d. h. die ökonometrische Modellierung, es dem

Forscher ermöglicht, quantitative Datensätze zu verwenden, um das Vorhandensein einer Beziehung zwischen verschiedenen Variablen und deren Auswirkungen zu bestätigen.

Forschungsansatz

Johnson und Christensen (2010) sowie *Saunders et al.* (2009) nennen zwei wichtige Forschungsansätze, nämlich Deduktion und Induktion. Im Falle des deduktiven Ansatzes beginnt der Forschungsprozess mit der Entwicklung einer Hypothese aus der bestehenden Theorie. Anschließend werden die impliziten Variablen in quantifizierbaren Maßeinheiten ausgedrückt, die Hypothese wird getestet und die Ergebnisse werden untersucht. Falls erforderlich, wird die Theorie geändert. Andererseits ist der induktive Ansatz flexibler in seiner Struktur als die Deduktion. Er ist mit einer interpretativen Forschungsphilosophie und der Verwendung qualitativer Daten verbunden.

In dieser Arbeit wird ein deduktiver Ansatz gewählt, da er für den Gegenstand der vorliegenden Studie geeignet ist und auch mit der positivistischen Philosophie und dem quantitativen Paradigma in Verbindung steht.

Entwicklung einer Hypothese auf der Grundlage einer Literaturübersicht

Es gibt zwei große Klassen von Forschungsproblemen, die sich nicht gegenseitig ausschließen: Vorhersage und Erklärung. Der Ausgangspunkt der vorliegenden Studie ist, dass Unterschiede in den Ergebnissen der Gesundheitsversorgung (z. B. Lebensqualität und -dauer, Kindersterblichkeitsrate, Chancengleichheit beim Zugang, Gesundheitszustand usw.) durch Unterschiede in den Inputs der Gesundheitsversorgung (z. B. Anzahl der Ärzte, Krankenhausbetten, Ausgaben für die Gesundheitsversorgung usw.) sowie durch Unterschiede in den Outputs der

Gesundheitsversorgung (z. B. Anzahl der behandelten Patienten, Arztkonsultationen usw.) erklärt werden können, eine Hypothese, die bereits in anderen veröffentlichten Arbeiten zur Ökonometrie im Gesundheitswesen bestätigt wurde. Die Literaturübersicht wird in Kapitel 3 dieses Buches ausführlich dargestellt; sie umfasst sowohl in Rumänien veröffentlichte Studien, wie *Nisulescu und Pana* (2013) oder *Vaidean et al.* (2011), als auch international veröffentlichte Studien, darunter *Jumard et al.* (2010), *Mohanet et al.* (2008) und *French und Miller* (2004).

Durch die Einbeziehung einer Clusteranalyse, die zuvor von *Jumard et al.* (2010) für 29 OECD-Länder durchgeführt wurde, testet diese Studie außerdem die Hypothese eines empfohlenen Gesundheitssystemmodells.

Variablen einstellen

Diese Studie konzentrierte sich auf Ergebnisse der Gesundheitsfürsorge, die bereits in anderen Arbeiten validiert worden waren - Zuwächse bei der Lebenserwartung bei der Geburt und bei der Lebenserwartung im Alter von 65 Jahren sowie ein Rückgang der Säuglingssterblichkeit und der möglichen verlorenen Lebensjahre (PYLL). Es wurden zwei Regressionen mit zwei verschiedenen endogenen Variablen entwickelt, nämlich der Lebenserwartung bei der Geburt (gemessen in Jahren) und der Säuglingssterblichkeitsrate (gemessen in der Zahl der Todesfälle pro 1.000 Lebendgeburten); die Variablen Lebenserwartung im Alter von 65 Jahren und PYLL wurden nur im Hinblick auf die Mindest-, Höchst- und Durchschnittswerte sowie die Zuwächse bzw. Rückgänge für 34 OECD-Länder und Rumänien im Zeitraum 2002-2011 untersucht, da die Zahl der fehlenden Werte über der 10 %-Schwelle für diese Variablen lag.

Nach Durchsicht der Literatur wurden Daten zu neun exogenen Variablen erhoben. Diese unabhängigen Variablen lassen sich in vier Kategorien einteilen:

- Gesundheitsausgaben: öffentliche Gesundheitsausgaben (USD KKP/Kopf) und

Out-of-Pocket-Zahlungen (USD KKP/Kopf);
- Ressourcen des Gesundheitswesens: Ärzte (Dichte pro 1.000 Einwohner), Krankenpflegepersonal (Dichte pro 1.000 Einwohner) und Krankenhausbetten insgesamt (pro 1.000 Einwohner);
- Tätigkeiten im Gesundheitswesen: Arztbesuche (Anzahl pro Kopf), durchschnittliche Aufenthaltsdauer, ALOS, (alle Ursachen, Tage) und Arzneimittelverbrauch, Antibiotika (definierte Tagesdosis);
- Risikofaktoren: Alkoholkonsum, Alter 15+ (Liter pro Kopf).

Prüfung der Hypothese

Um die Gültigkeit der vorherigen Hypothese und der damit verbundenen Annahmen zu prüfen, wurden zwei Regressionen unter Verwendung der ökonometrischen Modellierungstechnik in der Software Gretl entwickelt.

Nach der Untersuchung sowohl der abhängigen als auch der unabhängigen Variablen wurde eine schrittweise Schätzung durchgeführt, bei der die Technik der gewöhnlichen kleinsten Quadrate und ein Modell mit festen Effekten im Gegensatz zu einem Modell mit zufälligen Effekten verwendet wurde. Das Modell mit zufälligen Effekten wurde gewählt und die Ergebnisse wurden interpretiert.

Prüfung der Ergebnisse

Die besten Modelle wurden anhand von Anpassungsmaßen (R-Quadrat, Akaike- und Schwartz-Infokriterien usw.) ausgewählt, nachdem die Annahmen der multiplen Regressionsanalyse überprüft worden waren. Die besten Modelle waren schließlich:

(1): $life\_expectancy\_at\_birth = \beta_0 + \beta_1 * public\_healthcare\_spending + \beta_2 * ALOS + \beta_3 * alcohol\ consumption + \varepsilon$

(2): $log(infant\_mortality\_rate) = \beta_0 + \beta_1 * public\_healthcare\_spending + \beta_2 * number\_of\_hospital\_beds + \beta_3 * alcohol\ consumption + \varepsilon$

Der p-Wert des t-Tests wurde für jede der abhängigen Variablen überprüft, um ihre

Signifikanz zu kontrollieren. Wie Professor Robert F. Nau von der Duke University erklärt, ist die T-Statistik der *geschätzte Koeffizient geteilt durch seinen eigenen Standardfehler*. Sie misst also, "wie viele Standardabweichungen von Null" der geschätzte Koeffizient ist, und wird verwendet, um die Hypothese zu testen, dass der wahre Wert des Koeffizienten ungleich Null ist, um zu bestätigen, dass die unabhängige Variable wirklich in das Modell gehört. Der p-Wert ist die Wahrscheinlichkeit, eine t-Statistik zu beobachten, die so groß oder größer ist als die Nullhypothese, dass der wahre Wert des Koeffizienten gleich Null ist. Alle geschätzten Koeffizienten erwiesen sich bei einem Schwellenwert von 1 %, also einem Konfidenzniveau von 99 %, als signifikant.

Liste der Abkürzungen

Die folgende Tabelle beschreibt die Bedeutung verschiedener Abkürzungen und Akronyme, die in diesem Buch verwendet werden.

Abbreviation	Meaning
AIDS	Acquired Immunodeficiency Syndrome
ALOS	Average Length of Stay
DEA	Data Envelopment Analysis
EFTA	European Free Trade Association
EU	European Union
FEM	Fixed Effects Model
GALI	Global Activity Limitation Indicator
GDP	Gross Domestic Product
GLS	Generalized Least Squares
HIV	Human Immunodeficiency Virus
IMF	International Monetary Fund
MDGs	Millennium Development Goals
OECD	Organization for Economic Co-operation and Development
OLS	Ordinary Least Squares
PCA	Principal Component Analysis
PPP	Purchasing Power Parities
PYLL	Possible Years of Life Lost
REM	Random Effects Model
STI	Sexually Transmitted Infection
UN	United Nations
UNAIDS	Joint United Nations Programme on HIV/AIDS
UNFPA	United Nations Population Fund
UNICEF	United Nations Children's Fund
USA	United States of America
WHO	World Health Organization

1. Ein Überblick über das Gesundheitssystem

1.1. Grundbegriffe des Gesundheitssystems

Die Gesundheitsfürsorge ist definiert als die Vorbeugung, die Behandlung und das Management von Krankheiten und die Erhaltung des geistigen und körperlichen Wohlbefindens durch die von den medizinischen, pflegerischen und verwandten Gesundheitsberufen angebotenen Dienstleistungen (*Vaidean et al.*, 2011). Darüber hinaus umfasst das Gesundheitssystem die gesetzlichen Bestimmungen, Rechtsorgane und Institutionen sowie die Verfahren und Instrumente im Zusammenhang mit der öffentlichen und privaten Mobilisierung und Verteilung zur Deckung bestimmter Bedürfnisse bestimmter Mitglieder der Gesellschaft im Falle des Auftretens oder Bestehens bestimmter Risiken oder im Zusammenhang mit dem Eintreten erwarteter Ereignisse, für die sie nicht die erforderliche finanzielle Unterstützung bereitgestellt haben (*Vaidean*, 2010).

Wirksame Sozialschutzsysteme umfassen den Einsatz folgender Instrumente: Unterstützung, Prävention und Versicherung. Erstens setzt der Unterstützungsmechanismus voraus, dass einem Leistungsempfänger unabhängig von seinen früheren Beiträgen zu einem Sozialschutzfonds finanzielle Hilfe oder Sachleistungen gewährt werden. Darüber hinaus variiert das Leistungsniveau je nach Ursache, Umständen und verfügbaren Mitteln; eine Höchstgrenze für die Leistungen ist nicht festgelegt. Daraus ergeben sich folgende Nachteile: Der Leistungsempfänger ist mit Unsicherheit und Abhängigkeit konfrontiert, die persönliche Vorsorge wird nicht gefördert, da auch die Maßnahmen zur Risikovorsorge nicht gefördert werden. Zweitens zielt das Präventionsinstrument darauf ab, eine Verarmung auf verschiedene Weise abzuwenden; es umfasst Maßnahmen zum Schutz von Personen, die ihre Arbeitsfähigkeit verloren haben, oder von Kleinkindern ohne finanzielle Unterstützung. Zu diesen Maßnahmen gehören häufig freiwillige und variable Beiträge zu einem Hilfsfonds. Schließlich setzt der Versicherungsmechanismus eine obligatorische oder freiwillige Beziehung zwischen einem Versicherungsnehmer und einem Versicherer voraus, sei es eine spezialisierte juristische Person, eine öffentliche Einrichtung oder ein privater Versicherer; der Versicherer verspricht, Risiken, die die Arbeitsfähigkeit, das Leben des Versicherungsnehmers oder das seiner Familienangehörigen betreffen, gegen eine Prämie zu decken, die entweder als Pauschalbetrag oder in regelmäßigen Raten gezahlt werden kann.

Die eingebetteten Systeme sind:

a) Das System der sozialen Sicherheit oder das Versicherungssystem, das in erster Linie über den öffentlichen Finanzsektor tätig wird;

b) Soziales Interventionssystem des Staates und der Gemeinden, dessen Ziel die Bereitstellung verschiedener Arten von Hilfen und sozialer Unterstützung ist;

c) Das soziale Interventionssystem der privaten Verwaltung oder der Sektor der Nichtregierungsorganisationen;

d) Die ergänzenden Systeme, die im Namen der kollektiven Arbeitsverträge handeln.

Wie bei jedem anderen öffentlichen oder privaten Programm spielen die zuvor genannten Ziele eine wichtige Rolle bei der Bereitstellung und Effizienzmessung des Gesundheitssystems. Daher werden im folgenden Absatz kurz die allgemeinen, gleichermaßen wichtigen Ziele vorgestellt, die für alle in dieser Studie untersuchten Länder gelten. Zunächst verfolgt das Gesundheitssystem das Ziel, lang- oder kurzfristige Geldleistungen zu erbringen, um den Verlust des Berufseinkommens aufgrund von Alter, Invalidität, Unfall, Krankheit oder Tod zu ersetzen. Zweitens zielt es auf die Prävention von Krankheiten und die Wiederherstellung der Arbeitsfähigkeit ab. Nicht zuletzt gehört die Abgabe eines Teils der individuellen Beiträge für den öffentlichen Sektor an den privaten Sektor sowie die Harmonisierung und der Export der Leistungen im Zusammenhang mit den Mitgliedsländern der internationalen Organisationen oder anderen spezifischen Situationen zu den Hauptzielen des Gesundheitssystems.

Die Funktionen des Gesundheitssystems sind folgende: finanziell, wirtschaftlich und sozial. Erstens betrifft der finanzielle Aspekt die Ausgaben, die durch die verschiedenen Maßnahmen, die das System unterstützt, getätigt werden. Zweitens wird die Regulierung des Haushaltsdefizits durch das wirtschaftliche Ziel erfüllt. Und drittens geht es bei der sozialen Funktion um die Umverteilung des Einkommens zugunsten der Begünstigten, die Unterstützung und den Schutz.

Die erwarteten Ergebnisse der Umsetzung eines Gesundheitssystems spiegeln sich jedoch in den medizinischen, sozialen und wirtschaftlichen Bereichen wider. Die medizinischen Ergebnisse umfassen die Maßnahmen zur Wiederherstellung und/oder Erhaltung des Gesundheitszustands der Leistungsempfänger (Konsultationen, Behandlungen usw.). Die sozialen Ergebnisse umfassen die Auswirkungen der medizinischen Maßnahmen auf die gesamte Gesellschaft; sie werden durch eine Reihe von Gesundheitsindikatoren wie Lebenserwartung, Säuglings- und Müttersterblichkeit usw. ermittelt. Die wirtschaftlichen Ergebnisse zielen auf den wirtschaftlichen Nutzen ab, der sich aus der erfolgreichen Durchführung der Gesundheitsmaßnahmen ergeben kann.

1.2. Das Gesundheitswesen aus der Sicht der wichtigsten globalen Organisationen

1.2.1. Gesundheitswesen und die Ziele der Vereinten Nationen

Die Vereinten Nationen wurden nach dem Zweiten Weltkrieg gegründet, um den Weltfrieden und die internationale Sicherheit zu wahren, freundschaftliche Beziehungen zwischen den Nationen zu entwickeln und den sozialen Fortschritt, einen besseren Lebensstandard und die Menschenrechte zu fördern, und haben derzeit 193 Mitgliedstaaten. Die Gesundheitsversorgung ist ein erklärtes Ziel in zwei wichtigen UN-Dokumenten - der *Allgemeinen Erklärung der Menschenrechte* und dem *Internationalen Pakt über wirtschaftliche, soziale und kulturelle Rechte.*

Erstens heißt es in der *Allgemeinen Erklärung der Menschenrechte* (Artikel 25), die von der UN-Generalversammlung am 10. Dezember 1948 angenommen wurde, dass:

- Jeder Mensch hat das Recht auf einen Lebensstandard, der seine und seiner Familie Gesundheit und Wohlbefinden gewährleistet;
- Mutterschaft und Kindheit haben Anspruch auf besondere Fürsorge und Unterstützung.

Zweitens heißt es im *Internationalen Pakt über wirtschaftliche, soziale und kulturelle Rechte* (Artikel 12), der von der UN-Generalversammlung am 19. Dezember 1966 angenommen wurde:

- Die Anerkennung des Rechts eines jeden Menschen auf das für ihn erreichbare Höchstmaß an körperlicher und geistiger Gesundheit;
- Die von den Vertragsstaaten dieses Paktes zu treffenden Maßnahmen zur vollen Verwirklichung dieses Rechtes umfassen die erforderlichen Schritte:

    a) Vorkehrungen für die Senkung der Totgeburtenrate und der Säuglingssterblichkeit sowie für die gesunde Entwicklung des Kindes;

    b) Die Verbesserung aller Aspekte der Umwelt- und Arbeitshygiene;

    c) Vorbeugung, Behandlung und Kontrolle von epidemischen, endemischen, berufsbedingten und anderen Krankheiten;

    d) Die Schaffung von Bedingungen, die allen Menschen im Krankheitsfall eine medizinische Versorgung und ärztliche Betreuung garantieren.

Zusätzlich zu den oben genannten Dokumenten wird das Engagement der Vereinten Nationen für die globale Gesundheit durch die vielen Organisationen der UN-Familie unterstützt, darunter die Weltgesundheitsorganisation (WHO), das Gemeinsame Programm der Vereinten Nationen für HIV/AIDS (UNAIDS), der Bevölkerungsfonds der Vereinten Nationen (UNFPA) und das Kinderhilfswerk der Vereinten Nationen (UNICEF).

1.2.1.1. Die Gründung der Weltgesundheitsorganisation (WHO)

Die Weltgesundheitsorganisation wurde am 7. April 1948 als leitende und koordinierende Behörde für Gesundheit innerhalb des Systems der Vereinten Nationen gegründet. In der Verfassung der WHO heißt es, dass Gesundheit ein Zustand des vollständigen körperlichen, geistigen und sozialen Wohlbefindens ist und nicht nur das Fehlen von Krankheit oder Gebrechen.[2]

Vier zentrale Werte leiten die Bemühungen zur Bewältigung von Gesundheitsfragen:

- Anerkennung des allgemeinen Rechts auf Gesundheit;
- Kontinuierliche Anwendung der Gesundheitsethik auf Politik, Forschung und Dienstleistungserbringung;
- Gleichstellungsorientierte Politiken und Strategien, die die Solidarität betonen;
- Einbeziehung der Geschlechterperspektive in die Gesundheitspolitik.

Darüber hinaus wird die Gesundheit laut demselben Gesetz durch intrinsische und extrinsische Kräfte sowie durch Elemente außerhalb des Gesundheitssektors bestimmt, wie in *Abbildung 1* dargestellt. *1*.

---

[2]*Präambel der Verfassung der Weltgesundheitsorganisation*, die von der Internationalen Gesundheitskonferenz in New York vom 19. bis 22. Juni 1946 angenommen wurde, am 22. Juli 1946 von den Vertretern von 61 Staaten unterzeichnet wurde (Official Records of the World Health Organization, Nr. 2, S. 100) und am 7. April 1948 in Kraft trat.

Abbildung Nr. 1. **Determinanten der Gesundheit**

(*Quelle:* Bearbeitung durch die Autoren)

1.2.1.2. Die Einrichtung des Gemeinsamen Programms der Vereinten Nationen für HIV/AIDS (UNAIDS)

Das Gemeinsame Programm der Vereinten Nationen zur Bekämpfung von HIV/AIDS wurde 1994 gegründet. Zu seinen Kernzielen für den weiteren Zeitraum gehören u. a.:

- Abschaffung paralleler Systeme für HIV-bezogene Dienste, um die AIDS-Bekämpfung stärker in die globalen Gesundheits- und Entwicklungsbemühungen zu integrieren;
- Abschaffung der HIV-bedingten Einreise-, Aufenthalts- und Wohnsitzbeschränkungen;
- Verringerung der sexuellen Übertragung von HIV um 50 % bis 2015;
- Verringerung der HIV-Übertragung bei Menschen, die Drogen injizieren, um 50 % bis 2015;
- Beseitigung der HIV-Neuinfektionen bei Kindern bis 2015 und deutliche Verringerung der AIDS-bedingten Todesfälle bei Müttern;
- Erreichen von 15 Millionen HIV-Infizierten mit lebensrettender antiretroviraler Behandlung bis 2015;
- Verringerung der Tuberkulose-Todesfälle bei Menschen, die mit HIV leben, um

50 % bis 2015;

- Schließung der weltweiten AIDS-Ressourcenlücke bis 2015 und Erreichen von jährlichen globalen Investitionen in Höhe von 22-24 Milliarden US-Dollar in Ländern mit niedrigem und mittlerem Einkommen;
- Beseitigung von geschlechtsspezifischen Ungleichheiten, geschlechtsspezifischem Missbrauch und geschlechtsspezifischer Gewalt sowie Stärkung der Fähigkeit von Frauen und Mädchen, sich vor HIV zu schützen;
- Beseitigung der Stigmatisierung und Diskriminierung von Menschen, die mit HIV leben und davon betroffen sind, durch Förderung von Gesetzen und politischen Maßnahmen, die die volle Verwirklichung aller Menschenrechte und Grundfreiheiten gewährleisten.

Die Finanzierung der UNAIDS-Aktivitäten erfolgt durch Regierungen, Stiftungen, Unternehmen, private Gruppen und Einzelpersonen. Die Beiträge werden auf freiwilliger Basis geleistet.

1.2.1.3. Die Einrichtung des Bevölkerungsfonds der Vereinten Nationen (UNFPA)

Der Bevölkerungsfonds der Vereinten Nationen (UNFPA) wurde 1967 gegründet. Seine Aufgabe ist es, eine Welt zu schaffen, in der jede Schwangerschaft gewollt ist, jede Geburt sicher ist und das Potenzial jedes jungen Menschen ausgeschöpft wird[3]. Dieser Auftrag soll durch die folgenden Ziele erfüllt werden:

- Erreichen des allgemeinen Zugangs zu sexueller und reproduktiver Gesundheit;
- Förderung der reproduktiven Rechte;
- Senkung der Müttersterblichkeit;
- Ausweitung und Verbesserung der Gesundheit von Neugeborenen;
- Verbesserung des Zugangs zur freiwilligen Familienplanung;

---
[3] *UNFPA-Missionserklärung*, http://web.unfpa.org/about/mission.htm

- Erleichterung des Zugangs zu HIV- und STI-Diensten für schwangere Frauen, Menschen mit HIV, junge Menschen und Schlüsselgruppen der Bevölkerung;
- Verbesserung der Lebenssituation von Jugendlichen und Frauen durch Eintreten für die Menschenrechte und die Gleichstellung der Geschlechter sowie durch Förderung des Verständnisses der Bevölkerungsdynamik (z. B. Wachstumsraten, Altersstruktur, Fruchtbarkeit und Sterblichkeit).

Die Finanzierungsquellen für die Aktivitäten des UNFPA sind Regierungen, Stiftungen, Unternehmen, private Gruppen und auch Einzelpersonen. Die Beiträge werden auf freiwilliger Basis geleistet.

1.2.1.4. Die Gründung des Kinderhilfswerks der Vereinten Nationen (UNICEF)

Das Kinderhilfswerk der Vereinten Nationen (UNICEF) wurde 1946 gegründet. Ursprünglich wurde es gegründet, um Kindern in Ländern, die durch den Zweiten Weltkrieg verwüstet worden waren, Nahrungsmittel und medizinische Versorgung zukommen zu lassen.

Die Maßnahmen des Gesundheitswesens sind in fünf Hauptbereiche unterteilt, die in *Abbildung 2* dargestellt sind.

Abbildung Nr. 2. **Die UNICEF-Aktionen im Gesundheitswesen**

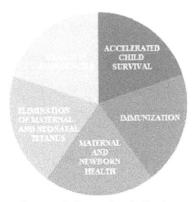

(*Quelle:* Bearbeitung durch die Autoren)

Die Finanzierungsquellen für die UNICEF-Aktivitäten sind Regierungen, Stiftungen, Unternehmen, private Gruppen und auch Einzelpersonen. Die Beiträge werden auf freiwilliger Basis geleistet.

1.2.2. Das Gesundheitswesen und die Ziele der Organisation für wirtschaftliche Zusammenarbeit und Entwicklung (OECD)

Die Organisation für wirtschaftliche Zusammenarbeit und Entwicklung (OECD) wurde 1948 gegründet und umfasst heute 34 Mitgliedsstaaten. Ihre Maßnahmen in diesem Bereich konzentrierten sich hauptsächlich auf die Entwicklung einer Datenbank, die eine vergleichende Analyse der Gesundheitssysteme ermöglicht, auf die Unterstützung von Forschungsarbeiten zur Verbesserung der Effizienz der Gesundheitssysteme in den OECD-Ländern sowie auf die Zusammenarbeit mit anderen internationalen Organisationen, insbesondere mit der Europäischen Kommission und der Weltgesundheitsorganisation (WHO) seit Ende der 1990er Jahre, um die bisherigen Bemühungen zu verstärken.

In der OECD-Broschüre *"Work on Health"* von 2013 nennt die Organisation folgende Prioritätsbereiche im Zusammenhang mit dem Thema Gesundheit:

- Messung der Ergebnisse von Gesundheitssystemen - Statistiken und Indikatoren für die vergleichende Analyse von Gesundheitssystemen;
- Qualität der Gesundheitsversorgung - Verbesserung der Leistung durch Benchmarking;
- Kosten-Nutzen-Verhältnis bei den Gesundheitsausgaben - Steigerung der Effizienz des Gesundheitssystems;
- Ökonomie der Krankheitsprävention - Förderung der Gesundheit und Verhütung von Krankheiten;
- Finanzierung der Gesundheitssysteme - Gewährleistung der finanziellen Nachhaltigkeit der Gesundheitssysteme;
- Langzeitpflege - Bewältigung der steigenden Nachfrage und der höheren

Erwartungen an die Pflege;

- Arbeitskräfte im Gesundheitswesen - Gewährleistung eines stabilen Arbeitskräftebestands im Gesundheitswesen in der OECD.

Konkret: Die OECD ist heute eine der größten und zuverlässigsten Quellen für vergleichbare statistische, wirtschaftliche und soziale Daten. Auf der Grundlage dieser Daten überwachen, analysieren und prognostizieren die OECD-Experten Trends, schaffen internationale Standards und unterstützen die OECD-Regierungen bei der Gestaltung effizienter und wirksamer politischer Maßnahmen, um den Zugang[4] und die Qualität der Gesundheitsversorgung zu verbessern. Die am meisten behandelten Themen sind:

- Stärkung der Primärversorgung und der Prävention von Krankheiten;
- Verbesserung der Effizienz von Krankenhausdienstleistungen;
- Bezahlung von Ärzten und Krankenhäusern in einer Weise, die eine qualitativ hochwertige Versorgung gewährleistet;
- Anpassung der Gesundheitsversorgung an die komplexen Bedürfnisse gebrechlicher älterer Menschen;
- Gewährleistung einer optimalen Versorgung bei chronischen Krankheiten, insbesondere bei Krebs und Herz-Kreislauf-Erkrankungen.

1.2.3. Gesundheitswesen und die Europäische Union (EU)

1.2.3.1. Die Schlussfolgerungen des Rates zu den gemeinsamen Werten und Grundsätzen in den Gesundheitssystemen der Europäischen Union

Die Europäische Union wurde 1951 als Europäische Kohle gegründet und umfasst heute 28 Mitgliedsstaaten. Die gemeinsamen Werte und Grundsätze für die Gesundheit im EU-Raum sind in den Schlussfolgerungen des Rates zu den gemeinsamen Werten und Grundsätzen in den *Gesundheitssystemen der Europäischen Union* (2006) dargelegt. Sie sind im Folgenden aufgeführt:

---

[4] Laut *OECD Work on Health 2013-2014*, OECD Publishing

- Gemeinsame Gesundheitswerte;

- Gesundheit ist der größte Reichtum;

- Gesundheit in allen Policen;

- Stärkung der Stimme der EU in der globalen Gesundheitspolitik.

Darüber hinaus verfolgt sie drei Hauptziele[5] :

- Förderung der Gesundheit in einer alternden Gesellschaft;
- Europa schützt die Bürger vor Gesundheitsgefahren;
- Unterstützung eines dynamischen Gesundheitssystems und neuer Technologien.

1.2.3.2. Das Weißbuch. Gemeinsam für die Gesundheit: Ein strategischer Ansatz der EU für 2008-2013

Die Strategie *"Gemeinsam für die Gesundheit"* wurde 2007 als Reaktion auf drei wachsende Herausforderungen für die Gesundheit verabschiedet: die Alterung der Bevölkerung, die großen Gesundheitsgefahren und die rasche Entwicklung neuer Technologien.

Im Weißbuch werden vier Grundsätze vorgestellt, die in *Abbildung 3* dargestellt sind. *3 dargestellt sind* und in den folgenden Abschnitten näher beschrieben werden.

---

[5]http://ec.europa.eu/health/strategy/objectives/index_en.htm

Abbildung Nr. 3. **Die Grundsätze des Weißbuchs**

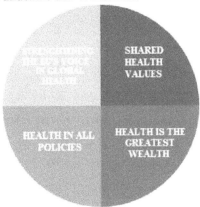

(*Quelle:* Bearbeitung durch die Autoren)

a) Eine Strategie auf der Grundlage gemeinsamer Gesundheitswerte - Maßnahmen:
   - Verabschiedung einer Erklärung zu den Grundwerten der Gesundheit;
   - System von Gesundheitsindikatoren der Europäischen Gemeinschaft mit gemeinsamen Mechanismen zur Erhebung vergleichbarer Gesundheitsdaten auf allen Ebenen, einschließlich einer Mitteilung über den Austausch gesundheitsbezogener Informationen;
   - Weitere Arbeiten zum Abbau von Ungleichheiten im Gesundheitsbereich;
   - Förderung von Programmen zur Förderung der Gesundheitskompetenz für verschiedene Altersgruppen.

b) Gesundheit ist der größte Reichtum - Entwicklung eines Programms analytischer Studien über die wirtschaftlichen Beziehungen zwischen Gesundheitszustand, Gesundheitsinvestitionen und Wirtschaftswachstum und Entwicklung.

c) Gesundheit in allen Politikbereichen - Stärkere Einbeziehung von Gesundheitsbelangen in alle Politikbereiche auf gemeinschaftlicher, mitgliedstaatlicher und regionaler Ebene, einschließlich des Einsatzes von Folgenabschätzungs- und Bewertungsinstrumenten.

d) Stärkung der Stimme der EU in der globalen Gesundheitspolitik - Verbesserung des Status der Gemeinschaft in internationalen Organisationen und Stärkung der Zusammenarbeit mit strategischen Partnern und Ländern im

Gesundheitsbereich.

1.2.3.3. In die Gesundheit investieren: Auf dem Weg zu Sozialinvestitionen für Wachstum und Kohäsion - einschließlich der Umsetzung des Europäischen Sozialfonds 2014-2020

Die Strategie *"In die Gesundheit investieren"* wurde 2013 angenommen und legt die Rolle der Gesundheit bei der Unterstützung der Gesamtstrategie *Europa 2020* fest. Die Hauptziele der aktuellen Strategie sind:

- Allgemeiner Zugang zu sicheren, hochwertigen und effizienten Gesundheitsdiensten;
- Bessere Zusammenarbeit zwischen Sozial- und Gesundheitsdiensten;
- Wirksame gesundheitspolitische Maßnahmen zur Verhütung chronischer Krankheiten.

Die Investitionsentscheidung wird anhand von vier Dimensionen untersucht, die in *Abbildung Nr. 4* dargestellt sind. 4.

Abbildung Nr. 4. **Die Investitionsdimensionen von Investing in Health**

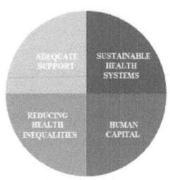

(*Quelle:* Bearbeitung durch die Autoren)

1.2.4. Gemeinsame Anstrengungen: Millenniums-Entwicklungsziele (MDGs)

Die Millenniumsentwicklungsziele wurden im Jahr 2000 durch die von der Generalversammlung der Vereinten Nationen angenommene *Millenniumserklärung* festgelegt. Die acht internationalen Entwicklungsziele werden von den Mitgliedstaaten der Vereinten Nationen sowie von anderen wichtigen internationalen Organisationen verfolgt, darunter die Organisation für wirtschaftliche Zusammenarbeit und Entwicklung, die Europäische Union, die Welthandelsorganisation, der Internationale Währungsfonds, die Weltbank und viele andere.

Abbildung Nr. 5. **Millenniums-Entwicklungsziele**

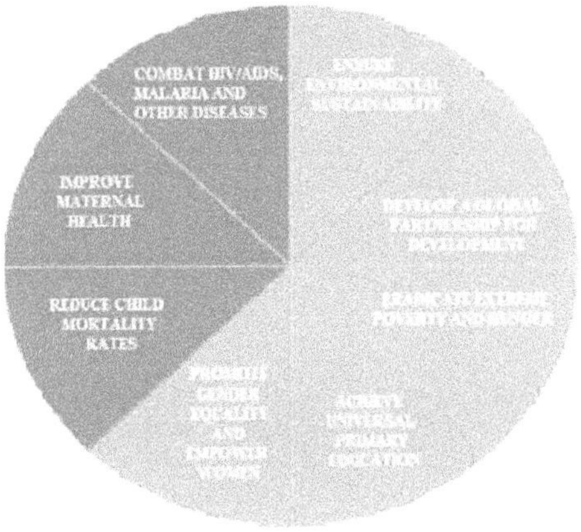

(*Quelle:* Bearbeitung durch die Autoren)

Drei der acht Millenniums-Entwicklungsziele beziehen sich auf das Thema Gesundheit, auf das noch näher eingegangen werden soll. Es sei erwähnt, dass alle aufgeführten Ziele bis 2015 erreicht werden sollen.

Erstens: Ziel 4 (Senkung der Kindersterblichkeitsrate), das die Senkung der Sterblichkeitsrate der unter Fünfjährigen um zwei Drittel vorsieht. Zweitens: Ziel 5 (Verbesserung der Gesundheit von Müttern), das eine Senkung der Müttersterblichkeitsrate um drei Viertel und die Verwirklichung der allgemeinen reproduktiven Bildung vorsieht. Und schließlich das Ziel 6 (Bekämpfung von HIV/SIDA, Malaria und anderen Krankheiten):[6] :

- bis 2015 die Ausbreitung von HIV/AIDS gestoppt und eine Trendwende eingeleitet haben;
- Bis 2010 soll der allgemeine Zugang zur HIV/AIDS-Behandlung für alle Bedürftigen gewährleistet werden;
- bis 2015 die Ausbreitung von Malaria und anderen schweren Krankheiten gestoppt und eine Trendwende eingeleitet haben.

---

[6]http://www.un.org/millenniumgoals/aids.shtml

2. Ländergruppen und Proxys für das Gesundheitswesen

2.1. Charakterisierung der Gesundheitssysteme: Ländergruppen

2.1.1. Empirische Typologien von Gesundheitssystemen

Auch wenn die Gesundheitssysteme im Grunde die gleichen Ziele und Funktionen haben und nicht zuletzt die gleichen Auswirkungen auf die Ergebnisse erwartet werden, werden sie in den einzelnen Gesellschaften unterschiedlich wahrgenommen, was zu unterschiedlichen Finanzierungsquellen führt. Auf der einen Seite gibt es Gesellschaften, in denen die Gesundheitsversorgung als ein überwiegend soziales oder kollektives Gut angesehen wird, von dem alle Bürger dieser Gesellschaft profitieren sollten, unabhängig davon, welche individuelle kurative oder präventive Versorgung erforderlich ist. Mit dieser Sichtweise verbunden ist das Solidaritätsprinzip, bei dem die Kosten der Gesundheitsversorgung absichtlich von den Jungen zu den Alten, von den Reichen zu den Armen und von den Gesunden zu den Kranken quersubventioniert werden. Auf der anderen Seite sehen Gesellschaften mit einer stärker marktorientierten Denkweise die Gesundheitsversorgung zunehmend als eine Ware an, die auf dem freien Markt gekauft und verkauft werden sollte.

Daher können die Gesundheitssysteme in der ganzen Welt nach der Quelle ihrer Finanzierung klassifiziert werden; dabei lassen sich drei Hauptmodelle unterscheiden: das Beveridge-Modell - das auf Steuern beruht und viele öffentliche Anbieter hat; das "gemischte" Bismarck-Modell - das durch ein prämienfinanziertes Sozialversicherungssystem finanziert wird und eine Mischung aus öffentlichen und privaten Anbietern aufweist; und das Privatversicherungsmodell - das in den USA zu finden ist. Die Hauptunterschiede zwischen den drei Modellen spiegeln sich in den folgenden Schlüsselbereichen wider: Zugang oder Gerechtigkeit, Wirksamkeit der Gesundheitsversorgung oder Qualitätsergebnisse und Kosteneffizienz zur Erreichung dieser Ergebnisse. Die drei Modelle werden im folgenden Abschnitt vorgestellt (siehe auch *Abbildung Nr. 6*).

Das "öffentliche" Beveridge-Modell wurde nach William Beveridge benannt, dem Sozialreformer, der den Nationalen Gesundheitsdienst Großbritanniens konzipiert hat. Es basiert auf dem 1942 von Lord Beveridge verfassten Bericht *"Social Insurances and Allied Services" (Sozialversicherungen und verwandte Dienstleistungen)* und ist durch einen zentral organisierten Nationalen Gesundheitsdienst gekennzeichnet, in dem die Leistungen hauptsächlich von öffentlichen Gesundheitsdienstleistern (Krankenhäusern, Gemeindeärzten usw.) erbracht werden, aber auch das "Out-of-the-pocket"-System kann angewendet werden. Auch die angebotenen Leistungen sind nicht klar definiert. Viele, aber nicht alle Krankenhäuser und Kliniken befinden sich im Besitz der Regierung; einige Ärzte sind Angestellte der Regierung, aber es gibt auch private Ärzte, die ihr Honorar von der Regierung erhalten. Bei diesem Modell konkurrieren die Budgets für das Gesundheitswesen mit anderen Prioritäten. So wird der für das Gesundheitswesen vorgesehene Haushaltsanteil vom Gesundheitsministerium auf die Gesundheitsbehörden der einzelnen Bezirke und nicht zuletzt auf die Krankenhäuser und Ärzte in den Gemeinden verteilt.

Zu den wichtigsten Vorteilen dieses Systems gehören die allgemeine Zugänglichkeit und die flächendeckende Versorgung. Es hat tendenziell niedrige Pro-Kopf-Kosten, da der Staat als einziger Kostenträger kontrolliert, was die Ärzte tun können und was sie in Rechnung stellen können. Nachteilig sind jedoch die geringe Effizienz der Mittelverwaltung, das Bestehen von Wartelisten und das Risiko einer instabilen Finanzierung/Unterfinanzierung. Außerdem fehlt es an Anreizen für die Ärzte, was zu einer erhöhten Nachfrage nach zusätzlicher Vergütung durch die Ärzte führt.

Das "gemischte" Bismarck-Modell ist die älteste Form des Gesundheitssystems in

Europa. Es wurde nach dem preußischen Reichskanzler Otto von Bismarck benannt, der im Rahmen der deutschen Einigung im 19. Jahrhundert den Sozialstaat erfand. Es wird hauptsächlich durch ein beitragsfinanziertes Sozial-/Pflichtversicherungsmodell finanziert, wobei die Versicherer als "Krankenkassen" bezeichnet werden. Die Beiträge werden zu unterschiedlichen Prozentsätzen von den Arbeitgebern und den Arbeitnehmern als Prozentsatz des Gehalts gezahlt. Die Regierung legt die Politik fest und stellt Mechanismen für die Zielerreichung bereit. Ärzte und Krankenhäuser sind in den Bismarck-Ländern in der Regel privat. Obwohl es sich um ein Mehrzahlermodell handelt - in Deutschland gibt es etwa 240 verschiedene Kassen -, gibt die strenge Regulierung der Regierung viel von der Kostenkontrolle, die das Einzahlermodell nach Beveridge bietet.

Zu den am häufigsten genannten Vorteilen dieses zweiten Gesundheitssystemmodells gehören die kurzen Wartezeiten, die relativ niedrigen Kosten sowie die vereinfachte Verwaltung. Die strenge Regulierung der Versicherungen, die oft auf gemeinnütziger Basis verkauft werden, der fehlende Ausschluss von Vorerkrankungen, die staatlich festgelegten Preise für die meisten Verfahren und die Existenz privater Krankenhäuser und Arztpraxen führen dazu, dass Länder, die das Bismarck-Modell anwenden, in der Regel in der Gesamtwertung der Weltgesundheitsorganisation weit oben stehen. Durch die Abkehr von einem sozialisierten System, auf das die meisten von ihnen kulturell nicht vorbereitet sind, nehmen die Bismarck-Länder höhere Kosten und weniger Effizienz in Kauf. Ärzte erhalten zwar eine kostenlose Ausbildung, haben praktisch keinen Verwaltungsaufwand und werden nur selten verklagt, aber sie verdienen auch weniger als ihre "privaten" Kollegen. Darüber hinaus werden Kostenprobleme trotz staatlicher Preisfestsetzung häufig durch die Erhöhung von Prämien statt durch Kostenkontrolle angegangen.

Beim "privaten" Versicherungsmodell basiert die Finanzierung des Systems auf freiwilligen Prämien, die an private Versicherungsunternehmen gezahlt werden. In diesem System ist die Finanzierung überwiegend privat, mit Ausnahme der sozialen Versorgung durch Medicare und Medicaid. Die überwiegende Mehrheit der Anbieter in diesem Modell gehört dem privaten Sektor an.

Ein privates Versicherungssystem hat folgende Vorteile: eine höhere Qualität der erbrachten medizinischen Leistungen und eine höhere Produktivität; es besteht die Möglichkeit, zwischen den vom Versicherten gedeckten Ausgaben und den Ausgaben, die vom Versicherer unterstützt werden müssen, sowie zwischen verschiedenen Anbietern medizinischer Leistungen oder Produkten zu wählen; die Flexibilität, die Innovation und die Verhandlungsmacht der Versicherungsunternehmen sind ebenfalls einige der genannten Vorteile. Auf der anderen Seite wird häufig argumentiert, dass der Zugang zu den Gesundheitsdiensten in den Ländern, die ein privates Versicherungsmodell unterstützen, ziemlich ungleich ist; einige soziale Kategorien wie Arbeitslose oder Rentner können sich aufgrund ihres geringen Einkommens möglicherweise keine Versicherung leisten; in anderen Fällen reicht die medizinische Versorgung möglicherweise nicht aus, um die Kosten für Tests, Operationen und Verfahren, die durchgeführt werden müssen, zu decken. Dies kann zu einer Verschlimmerung der Krankheit oder sogar zum Tod führen, was die Person, ihre Familie, die Steuerzahler und sogar den Staat mehr Geld kosten kann.

Die in *Abbildung Nr. 6* sind die repräsentativsten für jedes Modell des Gesundheitssystems; in der Praxis ist keines der Modelle in seiner reinen Form zu finden.

Abbildung Nr. 6. **Empirische Typologien von Gesundheitssystemen - Kernmerkmale und eine Auswahl von Ländern, zu finden in**

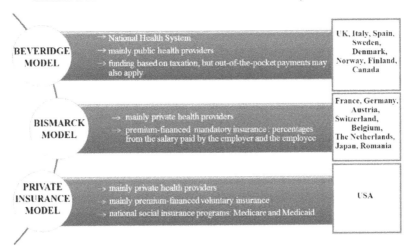

(*Quelle:* Bearbeitung durch die Autoren.)

2.1.2. Verwendung der Clusteranalyse bei der Gruppierung von Ländern mit
ähnliche Gesundheitssysteme

In ihrem Arbeits- und Strategiepapier *Gesundheitssysteme: Efficiency and Institutions* haben Isabelle Jumard et al. die OECD-Länder in sechs Cluster eingeteilt. Die Clusteranalyse wurde auf der Grundlage von 269 (überwiegend qualitativen) Variablen durchgeführt, die in zwanzig Indikatoren für Gesundheitspolitik und -einrichtungen umgewandelt wurden:

- Auswahl des Versicherers durch den Benutzer   -   Anreize für Anbieter
- Hebel der Versicherer   - Preise der Anbieter
- Über-die-Basis   - Benutzerinformationen
- Private Vorsorge   - Arbeitskräfte und Ausrüstung
- Wahlmöglichkeit unter den Anbietern - Dezentralisierung
- Torwächter   - Delegation

- Benutzerpreise
- Vorrangige Einstellung
- Budgetbeschränkung
- Vom Drittzahler gezahlter Preis
- Konsistenz
- Breite
- Umfang des Erfassungsbereichs
- Tiefe

Diese Indikatoren nehmen Werte auf einer Skala von 0 bis 6 an und wurden auf der Grundlage der *OECD Health Committee Survey on Health System Characteristics* (2009) berechnet; die Erhebung bestand aus drei Teilen: Finanzierung des Gesundheitswesens, Erbringung von Gesundheitsleistungen sowie Governance und Ressourcenallokation. Die Ergebnisse werden von Paris et al. in ihrem Buch *Health Systems Institutional Characteristics* ausführlich dargestellt: *A survey of 29 OECD Countries*, veröffentlicht im Jahr 2010.

Die sechs Ländercluster sind in *Abbildung Nr. 7* dargestellt. *7* unter den oben erörterten institutionellen Schlüsselmerkmalen dargestellt.

Zu erwähnen ist, dass fünf OECD-Mitgliedsstaaten nicht in die im oben genannten Forschungspapier entwickelten Ländercluster aufgenommen wurden, da sie nicht an der Erhebung teilgenommen haben; diese Länder sind: Chile, Estland, Israel und Slowenien (sie traten der OECD erst 2010 bei, nachdem die Erhebung durchgeführt wurde) sowie die Vereinigten Staaten.

Dieser Ansatz der Ländergruppen spielte eine wichtige Rolle in den folgenden Arbeits- und Strategiepapieren:

- OECD (2011), *Wirtschaftspolitische Reformen 2011: Going for Growth*, OECD Publishing - um zu analysieren, wie der Gesundheitszustand in den OECD-Ländern auf effiziente Weise verbessert werden kann;
- OECD (2010), *Health care systems: Getting more value for money*, OECD Economics Department Policy Notes - um eine SWAT-Analyse des Gesundheitssystems eines jeden Landes durchzuführen und auf diese Weise die möglichen politischen Reformen zu bewerten, die die Effizienz steigern

könnten;

- Joumard et al., *Health Care Systems: Efficiency and Policy Settings*, OECD Publishing - mit dem gleichen Umfang wie das zuvor zitierte Papier.

Die Studie wird sich auch auf die sechs OECD-Ländercluster konzentrieren, um eine bessere vergleichende Analyse der bestehenden Gesundheitspolitik zu ermöglichen.

Abbildung Nr. 7. **Ländercluster - Hauptmerkmale**

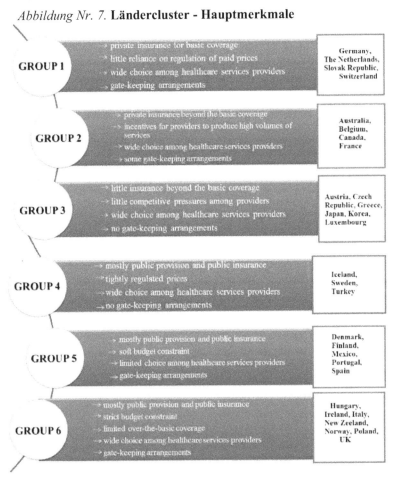

(*Quelle:* Bearbeitung durch die Autoren.)

2.2. Indikatoren für die Ergebnisse der Gesundheitsversorgung

2.2.1. Lebenserwartung

Der Indikator für die Lebenserwartung ist definiert als die durchschnittliche Anzahl von Jahren, die eine Person zu leben hätte, wenn sie in einem bestimmten Jahr die in einem bestimmten Land vorherrschenden altersspezifischen Sterblichkeitsraten hätte.[7] Dabei wird der Effekt eines bevorstehenden Rückgangs der altersspezifischen Sterblichkeitsraten nicht berücksichtigt. Die genaue Vergleichbarkeit zwischen den Ländern auf der Grundlage dieses Indikators kann durch methodische Unterschiede beeinträchtigt werden, da jedes Land seine Lebenserwartung nach einer etwas anderen Methode berechnet.

Lebenserwartung bei der Geburt

Im Zeitraum 2002-2011 ist im OECD-Raum ein Anstieg der Lebenserwartung bei der Geburt zu verzeichnen, der mit einer starken Verringerung der Unterschiede zwischen den Ländern einhergeht, was einen raschen Aufholprozess gegenüber dem Land mit der besten Leistung widerspiegelt.

Grafik Nr. 1. **Lebenserwartung bei der Geburt in 34 OECD-Ländern (Minimum, Maximum, Durchschnitt) und Rumänien, 2002-2011. Daten ausgedrückt in Jahren.**

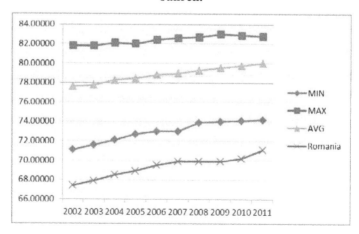

---

[7] OECD, *Gesellschaft auf einen Blick 2011: OECD-Sozialindikatoren*

Tabelle Nr. 1. **Lebenserwartung bei der Geburt in 34 OECD-Ländern (Minimum, Maximum, Durchschnitt) und Rumänien, 2002-2011. Die Daten sind in Jahren ausgedrückt.**

	2002	2003	2004	2005	2006	2007	2008	2009	2010	2011
MIN	71.1000	71.6000	72.1000	72.7000	73.0000	73.0000	73.9000	74.0000	74.1000	74.2000
MAX	81.8000	81.8000	82.1000	82.0000	82.4000	82.6000	82.7000	83.0000	82.9000	82.8000
AVG	77.6352	77.7941	78.2735	78.4735	78.8382	78.9794	79.2794	79.5500	79.7725	80.0424
STD DEV	2.62053	2.59122	2.62705	2.59128	2.59569	2.62676	2.55589	2.52674	2.51648	2.48307
Romania	67.4600	67.9000	68.5000	68.9000	69.5000	69.9000	69.9000	69.9000	70.2000	71.1000

(Quelle: Bearbeitung der Autoren in Excel auf der Grundlage von Gesundheitsindikatoren von http://www.oecd.org/ und http://epp.eurostat.ec.europa.eu)

Grafik und Tabelle Nr. 1 zeigen die minimale, maximale und durchschnittliche Lebenserwartung bei der Geburt, ausgedrückt in Jahren, für 34 OECD-Länder für die Jahre 2002-2011. Das Schaubild enthält auch Daten für Rumänien als Vergleich für den untersuchten Zeitraum. Die Jahre der Lebenserwartung werden auf der oY-Achse dargestellt, während die Zeiträume auf der oX-Achse zu finden sind. Zunächst einmal reichen die Mindestwerte von 71,1 Jahren in Estland im Jahr 2002 bis 74,2 Jahren in Mexiko im Jahr 2011. Die Türkei verzeichnete 2008 ebenfalls minimale Lebenserwartungswerte. Die höchsten Werte der Lebenserwartung wurden in Japan festgestellt und reichen von 81,8 Jahren im Jahr 2002 bis zu 83 Jahren im Jahr 2009. Weitere Spitzenreiter sind die Schweiz und Australien. Der Abstand zwischen dem Land mit der höchsten Lebenserwartung, Japan, und den Ländern mit der niedrigsten, Estland und Mexiko, verringert sich stetig von 10,7 Jahren im Jahr 2002 auf 8,6 Jahre im Jahr 2011. Eine Person, die in einem der OECD-Länder lebt, hat also eine durchschnittliche Lebenserwartung von 78,9 Jahren mit einer durchschnittlichen Standardabweichung von 2,57 Jahren. Wie die Grafik zeigt, liegen die durchschnittlichen OECD-Lebenserwartungswerte näher am Maximum als am Minimum, was darauf hindeutet, dass die meisten Länder über dem Mittelwert liegen. Was Rumänien betrifft, so liegen die Werte unter dem OECD-Minimum (3 Jahre durchschnittlicher Abstand). Insgesamt wurde sowohl für die OECD-Länder (Durchschnitt) als auch für Rumänien ein Anstieg der Lebenserwartungsvariablen für den Zeitraum 2002-2011 festgestellt. Im ersten Fall gab es einen konstanten Aufwärtstrend, während es im zweiten Fall zwei Perioden des Anstiegs von 2002 bis 2007 bzw. von 2009 bis 2011 und dazwischen eine Periode der Stagnation gab.

Grafik Nr. 2. **Anstieg der Lebenserwartung bei der Geburt zwischen 2002 und 2011.**
Daten für die 34 OECD-Länder in Jahren ausgedrückt.

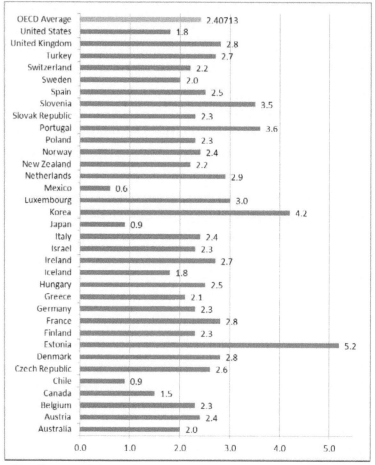

(*Quelle:* Verarbeitung der Autoren in Excel auf der Grundlage von
Gesundheitsindikatoren
aus http://www.oecd.org/)

Der Anstieg der Lebenserwartung bei der Geburt für die 34 OECD-Länder im Die Entwicklung der Lebenserwartung im untersuchten Zeitraum ist in *Schaubild Nr. 2* dargestellt. Zunächst ist festzustellen, dass die Lebenserwartung in den neun Jahren zwischen 2002 und 2011 um durchschnittlich 2,4 Jahre gestiegen ist. Estland und Korea verzeichneten in diesem Zeitraum den höchsten Anstieg von 5,2 bzw. 4,2 Jahren. In Mexiko, Japan und Chile hingegen lag der Anstieg in diesem 9-Jahres-

Zeitraum unter 1 Jahr.

Lebenserwartung mit 65

Im Jahr 2011 konnten Menschen im Alter von 65 Jahren in den OECD-Ländern damit rechnen, im Durchschnitt noch 20,9 Jahre für Frauen und 17,6 Jahre für Männer zu leben. Zu den Ländern mit der höchsten Lebenserwartung im Alter von 65 Jahren gehörten Australien (22 Jahre für Frauen und 19,1 Jahre für Männer), Frankreich (23,8 bzw. 19,3 Jahre) und die Schweiz (22,6 bzw. 19,2 Jahre).

Abbildung 3 zeigt den Anstieg der Lebenserwartung im Alter von 65 Jahren in den 34 OECD-Ländern im Zeitraum 2002-2011. Sie enthält Daten sowohl für Männer als auch für Frauen. Zunächst ist festzustellen, dass in den neun Jahren zwischen 2002 und 2011 die Lebenserwartung im Alter von 65 Jahren bei Männern um durchschnittlich 1,7 Jahre und bei Frauen um 1,6 Jahre gestiegen ist. Bei den Frauen war der Anstieg in diesem Zeitraum in Korea (3,2 Jahre), Estland und Portugal (2,7 bzw. 2,6 Jahre) am höchsten. Bei den Männern verzeichneten die Niederlande, Korea und Irland einen Anstieg von 2,5 Jahren (der höchste von allen OECD-Ländern). Andererseits sank die Lebenserwartung von Frauen im Alter von 65 Jahren in Chile um 0,2 Jahre, während sie in der Türkei, Mexiko, Japan und Island in diesem 9-Jahres-Zeitraum um weniger als 1 Jahr stieg. In der Türkei, Mexiko, Japan und Chile lag der Anstieg der Lebenserwartung von Männern im Alter von 65 Jahren ebenfalls unter 1 Jahr.

Es sei darauf hingewiesen, dass eine höhere Lebenserwartung im Alter von 65 Jahren nicht mit zusätzlichen gesunden Lebensjahren verbunden ist. Aus diesem Grund wurde vor kurzem der Indikator für die behinderungsfreie Lebenserwartung bzw. die gesunden Lebensjahre entwickelt. Dieser Indikator gibt die Anzahl der Jahre an, die frei von Aktivitätseinschränkungen verbracht werden. In Europa wird er jährlich von Eurostat für die EU-Länder und einige EFTA-Länder berechnet, wobei als Maß für die Behinderung der Globale Indikator für Aktivitätseinschränkung (GALI) verwendet wird.

Grafik Nr. 3. **Anstieg der Lebenserwartung mit 65 Jahren (für Männer und Frauen) zwischen 2002 und 2011 (oder dem letzten Jahr). Daten in Jahren für die 34 OECD-Länder.**

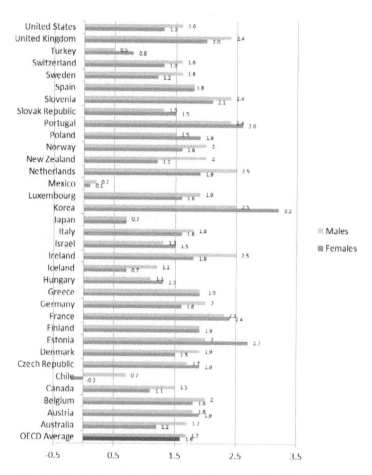

(Quelle: Bearbeitung der Autoren in Excel auf der Grundlage von Gesundheitsindikatoren aus http://www.oecd.org/*)*

2.2.2. Sterblichkeitsrate von Säuglingen und Neugeborenen

Die Säuglingssterblichkeitsrate ist die Zahl der Todesfälle bei Kindern unter einem Jahr in einem bestimmten Jahr, ausgedrückt pro 1.000 Lebendgeburten. Die Neugeborenensterblichkeit bezieht sich auf den Tod von Kindern, die weniger als 28

Tage alt sind.[8] Diese Raten spiegeln die Auswirkungen der wirtschaftlichen und sozialen Bedingungen auf die Gesundheit von Müttern und Neugeborenen wider; sie spiegeln auch die Wirksamkeit des Gesundheitssystems wider.

Auf OECD-Ebene zeigen die Statistiken, dass etwa zwei von drei Todesfällen bei Säuglingen in den ersten vier Wochen auftreten (d. h. Todesfälle bei Neugeborenen), wobei die Hauptursachen Geburtsfehler, Frühgeburten und andere während der Schwangerschaft auftretende Erkrankungen sind. Für das andere Drittel der Todesfälle bei Säuglingen (d. h. nach einem Monat) sind die Hauptursachen das Plötzliche-Säuglingstod-Syndrom, Geburtsfehler, Infektionen und Unfälle.

Grafik Nr. 4. **Säuglingssterblichkeitsraten in 34 OECD-Ländern (Minimum, Maximum, Durchschnitt) und Rumänien, 2002-2011. Todesfälle pro 1.000 Lebendgeburten.**

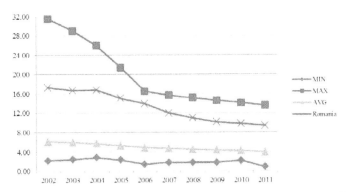

Tabelle Nr. 2. **Säuglingssterblichkeitsraten in 34 OECD-Ländern (Minimum, Maximum, Durchschnitt) und Rumänien, 2002-2011. Todesfälle pro 1.000 Lebendgeburten.**

	2002	2003	2004	2005	2006	2007	2008	2009	2010	2011
MIN	2.20000	2.40000	2.80000	2.30000	1.40000	1.80000	1.80000	1.80000	2.20000	0.90000
MAX	31.50000	29.00000	26.00000	21.40000	16.50000	15.70000	15.10000	14.60000	14.10000	13.60000
AVG	6.12353	5.93636	5.68182	5.27941	4.85000	4.67941	4.48235	4.36176	4.19394	3.90667
STD DEV	5.27441	4.96121	4.48863	3.80747	3.20359	2.91774	2.68424	2.49512	2.25124	2.22460
Romania	17.30000	16.70000	16.80000	15.00000	13.90000	12.00000	11.00000	10.10000	9.80000	9.40000

(*Quelle:* Bearbeitung der Autoren in Excel auf der Grundlage von Gesundheitsindikatoren aus http://www.oecd.org/ und http://epp.eurostat.ec.europa.eu)

---

[8] OECD, *Gesellschaft auf einen Blick 2011: OECD-Sozialindikatoren*

Schaubild Nr. 4 und Tabelle Nr. 2 zeigen die minimale, maximale und durchschnittliche Säuglingssterblichkeitsrate, berechnet als Todesfälle pro 1.000 Lebendgeburten, für 34 OECD-Länder für die Jahre 2002-2011. Das Diagramm enthält auch Daten für Rumänien als Vergleich für den untersuchten Zeitraum. Die Säuglingssterblichkeitsraten werden auf der oY-Achse dargestellt, während die Zeiträume auf der oX-Achse zu finden sind. Die Mindestwerte reichen von 0,9 Todesfällen pro 1.000 Lebendgeburten in Island im Jahr 2011 bis zu 2,8 in Japan im Jahr 2004. Auch in Luxemburg war die Säuglingssterblichkeit minimal. Die höchsten Werte wurden in der Türkei und in Mexiko festgestellt, wobei die Werte zwischen 13,6 (2011) und 31,5 (2002) Todesfällen pro 1.000 Lebendgeburten lagen. Der Abstand zwischen den Ländern mit den niedrigsten Kindersterblichkeitsraten, Island, Japan und Luxemburg, und den Ländern mit den höchsten, der Türkei und Mexiko, verringert sich stetig von 29,3 Sterbefällen pro 1.000 Lebendgeburten im Jahr 2002 auf 12,7 Sterbefälle im Jahr 2011. Auf der Ebene der OECD-Länder werden also im Durchschnitt 4,95 Todesfälle pro 1.000 Lebendgeburten erwartet, bei einer durchschnittlichen Standardabweichung von 3,43 (Todesfälle pro 1.000 Lebendgeburten). Wie aus dem Diagramm hervorgeht, liegen die durchschnittlichen OECD-Kindersterblichkeitsraten näher an den Mindest- als an den Höchstwerten, was darauf hindeutet, dass die meisten Länder unter dem Mittelwert liegen. Was Rumänien betrifft, so liegen die Werte über dem OECD-Minimum, wobei der Abstand stetig abnimmt (von 11,2 im Jahr 2002 registrierten Todesfällen pro 1.000 Lebendgeburten auf 5,5 im Jahr 2011). Insgesamt wurde sowohl im Fall der OECD-Länder (Durchschnitt) als auch im Fall Rumäniens ein Rückgang der Kindersterblichkeitsvariablen für den Zeitraum 2002-2011 festgestellt.

Abbildung 5 zeigt den Rückgang der Säuglingssterblichkeit in den 34 OECD-Ländern im Zeitraum 2002-2011. Zunächst ist festzustellen, dass die Säuglingssterblichkeit in den neun Jahren zwischen 2002 und 2011 um durchschnittlich 2,2 Todesfälle pro 1.000 Lebendgeburten zurückging. Die Türkei verzeichnete in diesem Zeitraum mit 23,8 Sterbefällen pro 1.000 Lebendgeburten den stärksten Rückgang. Mit großem Abstand folgt auf die Türkei Mexiko mit einem Rückgang von 5,5 Todesfällen pro 1.000

Lebendgeburten. In Chile, Kanada und Österreich hingegen ging die Zahl der Sterbefälle in diesem 9-Jahres-Zeitraum um 0,4 bzw. 0,5 zurück.

Obwohl die Eignung dieser Variablen als relevante Ergebnisse des Gesundheitssystems umstritten sein mag (*Hakkinen und Joumard*, 2007), haben sich die meisten Analysen auf Systemebene auf die Lebenserwartung und die Säuglingssterblichkeit gestützt, um sich den Ergebnissen des Gesundheitssystems zu nähern und eine Reihe medizinischer und nichtmedizinischer Gesundheitsdeterminanten für eine breite Auswahl von Ländern in der Welt zu untersuchen (*Or*, 2000; WHO, 2001; *Retzlaff-Roberts et al.*, 2004; *Alfonso und St. Aubyn*, 2005). Die meisten Studien zeigen eine negative Beziehung zwischen diesen Variablen und dem Niveau der Gesundheitsausgaben; die Tatsache, dass einige Länder mit hohen Gesundheitsausgaben keine niedrige Kindersterblichkeit aufweisen, lässt darauf schließen, dass höhere Gesundheitsausgaben nicht unbedingt zu besseren Ergebnissen führen. Eine Reihe von Forschungsergebnissen deutet auch darauf hin, dass viele Faktoren, die über die Qualität und Effizienz der Gesundheitssysteme hinausgehen - wie Einkommensungleichheit, das soziale Umfeld und die individuelle Lebensweise und Einstellung - die Säuglingssterblichkeitsrate beeinflussen (*Kiely et al.*, 1995). Darüber hinaus ist Bildung weithin als ein Hauptfaktor für die Gesundheit anerkannt (*Ross und Wu*, 1995; *Grossman und Kaestner*, 2004; *Grossman*, 2005; *Cutler und Lleras-Muney*, 2006). Gebildete Menschen können Informationen besser interpretieren und bewerten und daher bessere Entscheidungen zur Verbesserung und Erhaltung der Gesundheit treffen.

Grafik Nr. 5. **Rückgang der Säuglingssterblichkeitsraten zwischen 2002 und 2011 (oder dem letzten Jahr). Daten ausgedrückt in Todesfällen pro 1.000 Lebendgeburten für die 34 OECD-Länder.**

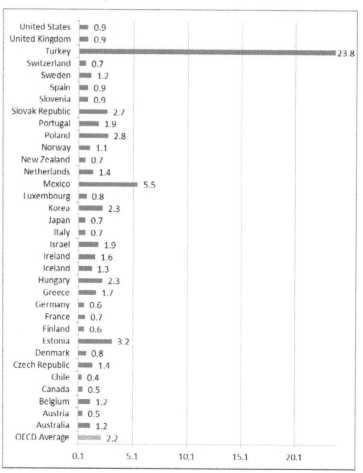

(Quelle: Bearbeitung der Autoren in Excel auf der Grundlage von Gesundheitsindikatoren aus http://www.oecd.org/)

2.2.3. Mögliche verlorene Lebensjahre (PYLL)

Der Indikator der verlorenen Lebensjahre (PYLL) misst die vorzeitigen, vermeidbaren Todesfälle. Er wird berechnet, indem die Todesfälle für jedes Alterssegment addiert und mit den verbleibenden Lebensjahren multipliziert werden [8] bis zu einer bestimmten Altersgrenze.[9]

Grafik Nr. 6. **PYLL, in 33 OECD-Ländern (Minimum, Maximum, Durchschnitt), 2002-2011. Alle Ursachen, verlorene Jahre, /100 000 Frauen, im Alter von 0 bis 69 Jahren.**

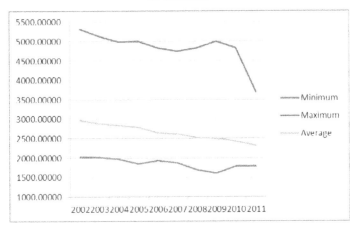

Tabelle Nr. 3. **PYLL, in 33 OECD-Ländern (Minimum, Maximum, Durchschnitt), 2002-2011. Alle Ursachen, verlorene Jahre, /100 000 Frauen, im Alter von 0 bis 69 Jahren.**

	2002	2003	2004	2005	2006	2007	2008	2009	2010	2011
MIN	2028.1	2015.9	1973.6	1853.4	1940.5	1875.3	1693.4	1615.7	1787.1	1789.9
MAX	5315.7	5128.6	4980.1	5001.3	4829.3	4750.7	4828.2	4995	4833.5	3702.7
AVG	2967.19	2883.59	2834.48	2781.54	2642.19	2616.27	2522.38	2504.94	2425.98	2314.83
STD DEV	770.435	759.358	721.57	747.698	702.521	709.182	701.534	698.848	689.534	483.367

(Quelle: Verarbeitung der Autoren auf der Grundlage von Gesundheitsindikatoren aus http://www.oecd.org/)

Schaubild Nr. 6 und Tabelle Nr. 3 zeigen die minimalen, maximalen und durchschnittlichen PYLL, berechnet als verlorene Jahre / 100.000 Frauen im Alter von 0-69 Jahren für 33 OECD-Länder (Daten für die Türkei nicht verfügbar) für die Jahre 2002-2011. Die PYLL werden auf der oY-Achse dargestellt, während die Zeiträume auf der oX-Achse zu finden sind. Die Mindestwerte reichen von 1615,7 verlorenen Jahren/100.000 Frauen in Island im Jahr 2009 bis zu 2028,1 in Japan im Jahr 2002. Luxemburg verzeichnete in diesem Zeitraum ebenfalls minimale PYLL-Raten für die

---

[9] OECD Health Data 2001: A Comparative Analysis of 30 Countries, OECD, Paris, 2001, Datenquellen, Definitionen und Methoden.

weibliche Bevölkerung. Höchstwerte wurden in Ungarn und Mexiko festgestellt, wobei die Werte zwischen 3702,7 (2011) und 5315,7 (2002) Jahren/100.000 Frauen im Alter von 0 bis 69 Jahren lagen. Auf der Ebene der OECD-Länder werden also im Durchschnitt 2649,34 verlorene Jahre pro 100.000 Frauen im Alter von 0-69 Jahren erwartet, mit einer durchschnittlichen Standardabweichung von 698,5 (verlorene Jahre pro 100.000 Frauen). Wie das Diagramm zeigt, liegen die durchschnittlichen PYLL-Raten für Frauen in den OECD-Ländern näher an den Minimal- als an den Maximalwerten, was darauf hindeutet, dass die meisten Länder unter den Mittelwerten liegen.

Grafik Nr. 7. **PYLL, in 33 OECD-Ländern (Minimum, Maximum, Durchschnitt), 2002-2011. Alle Ursachen, verlorene Jahre, /100 000 Männer, im Alter von 0-69 Jahren.**

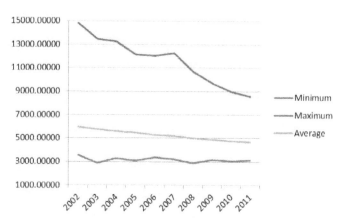

Tabelle Nr. 4. **PYLL, in 33 OECD-Ländern (Minimum, Maximum, Durchschnitt), 2002-2011. Alle Ursachen, verlorene Jahre, /100 000 Männer, im Alter von 0-69 Jahren.**

	2002	2003	2004	2005	2006	2007	2008	2009	2010	2011
MIN	3544.4	2866.1	3279.5	3065.5	3352.6	3209.3	2864.5	3178.3	3029.2	3104.6
MAX	14789.3	13437.6	13259.4	12132.5	12033.1	12250.9	10665.1	9665	8979.9	8569.1
AVG	5943.23	5736.32	5599.23	5468.35	5248.94	5180.92	4994.95	4881.31	4766.77	4687.75
STD DEV	2349.9	2183.78	2182.42	2131.35	2066.77	2066.45	1917.59	1789.86	1827.11	1751.3

(Quelle: Bearbeitung der Autoren in Excel auf der Grundlage von Gesundheitsindikatoren aus http://www.oecd.org/)

Schaubild Nr. 7 und Tabelle Nr. 4 zeigen die minimalen, maximalen und durchschnittlichen PYLL, berechnet als verlorene Jahre / 100.000 Männer im Alter von

0-69 Jahren für 33 OECD-Länder (Daten zur Türkei sind nicht verfügbar) für die Jahre 2002-2011. Die PYLL werden auf der oY-Achse dargestellt, während die Zeiträume auf der oX-Achse zu finden sind. Die niedrigsten Werte sind in Island zu finden und reichen von 2864,5 verlorenen Jahren/100.000 Männer im Jahr 2008 bis zu 3544,4 im Jahr 2002. Schweden verzeichnete in diesem Zeitraum ebenfalls minimale PYLL-Raten für die männliche Bevölkerung. Höchstwerte wurden in Estland festgestellt, wobei die Werte zwischen 8569,1 (2011) und 14789,3 (2002) Jahren/100.000 Männer im Alter von 0-69 Jahren lagen. Höchstwerte wurden auch in Mexiko verzeichnet. Auf der Ebene der OECD-Länder werden also im Durchschnitt 5250,8 verlorene Jahre pro 100 000 Männer im Alter von 0-69 Jahren erwartet, mit einer durchschnittlichen Standardabweichung von 2026,65 (verlorene Jahre pro 100 000 Männer). Wie das Diagramm zeigt, liegen die durchschnittlichen PYLL-Raten für Männer in den OECD-Ländern näher an den Mindest- als an den Höchstwerten, was darauf hindeutet, dass die meisten Länder unter den Mittelwerten liegen.

Die oben dargestellten Daten zeigen einen signifikanten Unterschied zwischen der männlichen und der weiblichen Bevölkerung, wobei die weiblichen PYLL-Raten niedrigere Werte sowie geringere Standardabweichungen aufweisen und somit homogener zwischen den Ländern sind als die männlichen PYLL-Raten.

Darüber hinaus zeigt *Schaubild 8* den Rückgang der PYLL-Raten (alle Ursachen) für Männer und Frauen im Alter von 0-69 Jahren in 33 OECD-Ländern von 2002 bis 2011 (oder dem letzten Jahr). Daten für die Türkei waren für den untersuchten Zeitraum nicht verfügbar. Zunächst ist festzustellen, dass in den neun Jahren zwischen 2002 und 2011 ein durchschnittlicher Rückgang der PYLL-Raten von etwa 1255,5 verlorenen Lebensjahren bei Männern und 652 verlorenen Lebensjahren bei Frauen zu verzeichnen war. Bei den Frauen war der Rückgang in diesem Zeitraum in Estland am stärksten (1725,6 verlorene Jahre), mit großem Abstand gefolgt von Ungarn und Portugal (1009,4 bzw. 933,6 verlorene Jahre). Bei den Männern verzeichnete Estland mit 6220,2 verlorenen Jahren ebenfalls den höchsten Rückgang, gefolgt von Ungarn und Slowenien mit 2836,3 bzw. 2253,8 verlorenen Jahren. Japan verzeichnete von

2002 bis 2011 einen Anstieg der verlorenen Lebensjahre um 2,2 Jahre bei der weiblichen Bevölkerung. Bis 2010 war ein konstanter Rückgang zu verzeichnen, von 2002 bis 2011 ein Rückgang um 233 verlorene Lebensjahre und von 2010 bis 2011 ein starker Anstieg um 764 verlorene Lebensjahre. Bei der männlichen Bevölkerung verzeichnete Mexiko einen Anstieg um 142,8 verlorene Lebensjahre. Im Zeitraum 2002-2010 (Daten für 2011 liegen nicht vor) verzeichnete Mexiko Schwankungen bei den männlichen PYLL-Raten, mit Rückgängen in den Jahren 2003, 2004, 2006 und 2007 und Anstiegen in den übrigen Jahren.

Schaubild Nr. 8. **Rückgang der PYLL-Raten, alle Ursachen, zwischen 2002 und 2011 (oder dem nächstliegenden Jahr) (für Männer und Frauen). Daten ausgedrückt in verlorenen Jahren pro 100.000 Männer/Frauen im Alter von 0-69 Jahren für 33 OECD-Länder (Daten für die Türkei nicht verfügbar).**

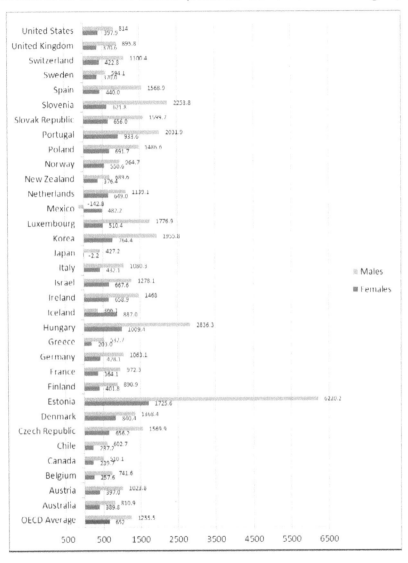

(Quelle: Bearbeitung der Autoren in Excel auf der Grundlage von Gesundheitsindikatoren
aus http://www.oecd.org/)

3. Regression von Paneldaten

3.1. Literaturübersicht

Jumard et al. (2010) haben die OECD-Länder entsprechend den bestehenden Ähnlichkeiten zwischen ihren Gesundheitssystemen in sechs Cluster eingeteilt. Die Clusteranalyse wurde auf der Grundlage von 269 (meist qualitativen) Variablen durchgeführt, die in zwanzig Indikatoren umgewandelt wurden, die Gesundheitspolitiken und -einrichtungen repräsentieren. Diese Indikatoren nehmen Werte auf einer Skala von 0 bis 6 an und wurden auf der Grundlage der *OECD Health Committee Survey on Health System Characteristics* (2009) berechnet. Neben der Hauptkomponentenanalyse (PCA) und der Clusteranalyse, die für die Gruppierung der Länder durchgeführt wurden und auf die in Kapitel zwei der vorliegenden Arbeit näher eingegangen wird, haben *Jumard et al.* (2010) in ihrer Studie auch die Auswirkungen der Gesundheitspolitik durch ökonometrische Modellierung und Datenumschlagsanalyse (DEA) analysiert.

Die von *Jumard et al.* (2010) geschätzten Variablen sind der Anstieg der Lebenserwartung (bei der Geburt und im Alter von 65 Jahren für Frauen und Männer), der Rückgang der Säuglingssterblichkeit und der zugänglichen Sterblichkeit in Abhängigkeit von den Gesundheitsausgaben, dem Bruttoinlandsprodukt (BIP), Rauchen, Alkohol, Ernährung, Umweltverschmutzung, Bildung, Gesundheitspersonal, Anzahl der Arztbesuche usw. Ihr Hauptziel ist ein Vergleich zwischen den Gesundheitspolitiken und -institutionen von 29 OECD-Ländern unter Verwendung der OECD-Gesundheitsindikatoren.

Paris et al. (2010) konzentrierten sich auf das Ziel, die aktuellen institutionellen Arrangements zu verstehen und eine begrenzte Anzahl quantitativer Indikatoren zu entwickeln, die die wichtigsten Merkmale der Gesundheitssysteme erfassen sollen. Diese Indikatoren wurden durch Faktorenanalyse ermittelt und zur Bewertung der

Rolle der Gesundheitsinstitutionen und -politiken für die Effizienz der Gesundheitssysteme verwendet. Die statistische Grundgesamtheit umfasst dieselben 29 Länder, da 5 OECD-Mitgliedsstaaten nicht in den Länderclustern des oben genannten Forschungspapiers enthalten waren, da sie nicht an der Erhebung teilgenommen haben; diese Länder sind: Chile, Estland, Israel und Slowenien (sie traten der OECD erst 2010 bei, nachdem die Erhebung durchgeführt wurde) sowie die Vereinigten Staaten.

Frech und Miller (2004) haben die Lebenserwartung und die behinderungsbereinigte Lebenserwartung als Indikatoren für die Gesundheit betrachtet. Ihre Stichprobe umfasste 18 OECD-Länder. Ihre wichtigste Schlussfolgerung ist, dass ein höherer Arzneimittelverbrauch zur Verbesserung der Lebensqualität und der Lebenserwartung beiträgt. Darüber hinaus analysierten *Shaw et al.* (2005) eine aggregierte Produktionsfunktion der Lebenserwartung für eine Stichprobe von Industrieländern und kamen zu dem Ergebnis, dass der Arzneimittelkonsum einen positiven Effekt auf die Lebenserwartung im mittleren und höheren Alter hat. In ihrem Papier werden auch Ergebnisse für Lebensstil-Inputs in die Produktion der Lebenserwartung vorgestellt, wie Tabakkonsum oder Diät mit Obst und Gemüse.

Paneldatenstudien über OECD-Länder wurden in vielen Arbeiten verwendet, wie z. B. in *Mohan et al.* (2008), die uns eine solide Grundlage für diese Arbeit bieten. Darin wird das Gesundheitssystem von fünfundzwanzig OECD-Ländern analysiert, um die Bedeutung verschiedener Faktoren für die Lebenserwartung und die Säuglingssterblichkeit hauptsächlich für den Zeitraum 1990-2002 zu bewerten. Ihr Paneldatenmodell berücksichtigt die folgenden unabhängigen Variablen: Medizintechnik (Computertomographen pro eine Million Einwohner), Beschäftigung im Gesundheitswesen (Dichte der praktizierenden Ärzte pro 1 000 Einwohner), stationäre Inanspruchnahme pro Kopf (Anzahl der Bettentage in der Akutversorgung), Präventionsimmunisierung (Prozentsatz der gegen Masern geimpften Kinder), Gesamtausgaben für das Gesundheitswesen pro Kopf (Kaufkraftparitäten in US-Dollar), Alkoholkonsum in Litern pro Kopf und Bildungsniveau

(Schulerwartungsjahre).

Auch rumänische Autoren haben sich mit der Problematik der Gesundheitsindikatoren und -ausgaben befasst. *Nisulescu und Pana* (2013) verwendeten eine deskriptive Analyse zur Bewertung der öffentlichen Gesundheit und der Stellung Rumäniens im Gesundheitssystem der EU. Um Rumänien im EU-Kontext zu positionieren, verwendet das Papier eine vergleichende Analyse auf der Grundlage von Indikatoren wie Gesamtgesundheitsausgaben im BIP und pro Kopf, Lebenserwartung bei der Geburt, Anzahl der Krankenhausbetten und Anzahl der Ärzte pro 100 000 Einwohner.

Vaidean et al. (2011) schätzten ein Panelmodell für die EU-27-Mitgliedstaaten, einschließlich Rumänien, um die Möglichkeit zu untersuchen, neben dem europäischen Pro-Kopf-BIP auch den Anteil der Bevölkerung im Alter von 65 Jahren und älter an der Gesamtbevölkerung als erklärende Variable für die Gesundheitsausgaben zu verwenden. Darüber hinaus modellierten *Nistor und Vaidean* (2010) die öffentlichen Gesundheitsausgaben Rumäniens als Funktion des Pro-Kopf-BIP und des Anteils der weiblichen Bevölkerung an der Gesamtbevölkerung, wobei sie ein Panel aus den 42 rumänischen Landkreisen verwendeten. Obwohl der Anstieg der öffentlichen Gesundheitsausgaben im BIP die qualitative Entwicklung des rumänischen Gesundheitssystems nicht beeinflusst hat, werden die regionalen öffentlichen Gesundheitsausgaben zu einem großen Teil durch das regionale BIP erklärt.

3.2. Forschungsmethodik

Die vorliegende Arbeit basiert auf einer unausgewogenen ökonometrischen Panelstudie, die auf verschiedenen Beobachtungen aus einer Stichprobe von 29 OECD-Ländern beruht, die über einen Zeitraum von zehn Jahren (2002-2011) beobachtet wurden. Jedes der 29 OECD-Länder gehört zu einem der sechs von *Joumard et al.* (2010) gebildeten Ländercluster. Bei den Daten handelt es sich um öffentliche OECD-Daten für die OECD-Mitgliedstaaten, mit Ausnahme von Estland, der Slowakei, Israel und Chile, die erst 2010 der OECD beigetreten sind. Die Studie schloss auch die USA aus dem Panel aus, da die USA ein völlig anderes Gesundheitssystem haben, das hauptsächlich auf privaten Krankenversicherungen basiert. In den USA gibt es nur zwei Gesundheitsprogramme zur Unterstützung der Ärmsten und der über 65-Jährigen, nämlich Medicare und Medicaid. Abgesehen von diesen beiden Programmen wurde das Gesundheitssystem der USA durch freiwillige private Krankenversicherungsprämien finanziert, die von denjenigen gezahlt wurden, die es sich leisten konnten.

Es wurden zwei Regressionen entwickelt, eine mit der Lebenserwartung bei der Geburt als abhängige Variable und eine zweite mit der Säuglingssterblichkeitsrate anstelle der endogenen Variable. Die Daten wurden grafisch untersucht und dann auf die Annahmen der multivariaten Analyse geprüft, da die Erfüllung der Annahmen für eine erfolgreiche Analyse entscheidend ist. Zunächst lag die Zahl der fehlenden Werte bei der Lebenserwartung bei der Geburt bei 0,69 % und bei der Säuglingssterblichkeitsrate bei 2,07 % und damit unterhalb der 10 %-Schwelle.

Bei der Analyse der Normalität der endogenen Variablen wurden die folgenden empirischen Instrumente eingesetzt: der Jarque-Bera-Test, die Werte der Schiefe und der Kurtosis. Zunächst lautet die Nullhypothese des Jarque-Bera-Tests, dass die Variable bei einem Signifikanzniveau von 5 % normalverteilt ist. Die p-Werte lagen sowohl für die Lebenserwartung bei der Geburt als auch für die Säuglingssterblichkeitsrate unter 5 %, so dass die Nullhypothese verworfen wurde. Die Schiefe lag bei -0,973789 bzw. 3,9590, die Wölbung bei -0,024828 bzw. 18,362.

Es wurden mehrere Spezifikationen ausprobiert, um die Verteilung der Lebenserwartung bei der Geburt zu korrigieren, aber die Ergebnisse haben sich nicht wesentlich verbessert. Nach *Hair et. al.* (2010) kann die Verteilung in Bezug auf Schiefe und Kurtosis als normal angesehen werden, wenn ihre Werte zwischen ±1,96 bzw. ±2,58 liegen; im vorliegenden Fall passen beide Indikatoren in die angegebenen

Intervalle. Außerdem unterstützt die veröffentlichte Literatur im Bereich der Gesundheitsökonometrie die klassische Spezifikation.

Andererseits wurde zur Korrektur der positiven Schiefe und der leptokurtischen Wölbung der Verteilung der Säuglingssterblichkeitsrate die Log-Funktion verwendet. Die Ergebnisse verbesserten sich erheblich, und der Logarithmus (Säuglingssterblichkeitsrate) wurde als abhängige Variable der zweiten Regression bevorzugt.

Die unabhängigen Variablen, die bereits in anderen Arbeiten validiert und in dieser Studie verwendet wurden, können in verschiedene Kategorien eingeteilt werden. Eine erste Kategorie wäre die der Gesundheitsausgaben, einschließlich der Gesundheitsausgaben (ausgedrückt in US-Dollar pro Kopf), der Out-of-Pocket-Zahlungen (Haushalte, ausgedrückt in US-Dollar pro Kopf) und der Gesamtausgaben für Arzneimittel und andere medizinische Verbrauchsgüter (ausgedrückt in US-Dollar pro Kopf). Die zweite Kategorie von Variablen umfasst die mit der Gesundheitsversorgung verbundenen Ressourcen: Anzahl der Ärzte (Dichte pro 1 000 Einwohner), Krankenschwestern (Dichte pro 1 000 Einwohner) und Krankenhausbetten insgesamt

(pro 1 000 Einwohner). Die dritte Kategorie betrifft die Aktivitäten im Bereich der Gesundheitsfürsorge: Anzahl der Arztbesuche (pro Kopf), durchschnittliche Aufenthaltsdauer (alle Ursachen, Tage in Gesundheitseinrichtungen) und Arzneimittelverbrauch (Antibiotika als Tagesdosis). Die vierte Kategorie bezieht sich auf Risikofaktoren wie den Alkoholkonsum (Würfe pro Kopf (ab 15 Jahren)). Die Gesamtzahl der fehlenden Werte liegt unter der 10 %-Schwelle.

Die vorherigen Annahmen basierten auf der Literaturauswertung. So wurde ein positiver Einfluss der Kategorie "öffentliche Gesundheitsausgaben" auf die Variable Lebenserwartung und eine höchstwahrscheinlich positive Beziehung zwischen der

Lebenserwartung bei der Geburt und den Ressourcen und Aktivitäten im Gesundheitswesen erwartet. Weiterhin wurde intuitiv ein negativer Zusammenhang zwischen Lebenserwartung und Alkoholkonsum erwartet.

Andererseits wurde auf der Grundlage derselben Überlegungen eine negative Beziehung zwischen der endogenen Variable Säuglingssterblichkeitsrate und den folgenden erklärenden Variablen erwartet: öffentliche Gesundheitsausgaben, Gesundheitsressourcen und -aktivitäten; ein positiver Einfluss des Risikofaktors Alkoholkonsum auf die Säuglingssterblichkeitsrate wurde erwartet.

Alle Daten wurden sorgfältig geprüft, und die zusammenfassenden Statistiken unter Verwendung der Beobachtungen für die 29 OECD-Länder für den Zehnjahreszeitraum, wobei die fehlenden Werte übersprungen wurden, sind in *Tabelle 5* dargestellt.

Tabelle Nr. 5. **Zusammenfassende Statistiken für die erklärenden Variablen für die 29 OECD-Länder**

	Mean	Median	Minimum	Maximum
alcohol_cons	9.7821	10.000	1.2000	17.700
doct_cons	7.0053	6.6000	2.5000	14.100
length_stay	8.1366	7.5000	3.9000	22.200
nurses	8.4785	8.7200	1.1000	16.600
pharma_cons	20.911	19.800	9.8000	45.300
physicians	3.0553	3.0800	1.3900	6.1400
GDP_cap	29881.	30683.	9484.2	73913.
hosp_beds	5.3979	4.8450	1.6700	14.430
out_pocket	491.67	475.03	79.811	1454.7
spending	2138.1	2247.6	256.14	4812.6

(*Quelle:* Bearbeitung durch die Autoren in Gretl)

Es wurde eine schrittweise Schätzung unter Verwendung der Technik der gewöhnlichen kleinsten Quadrate und eines Modells mit festen Effekten im Gegensatz zu einem Modell mit zufälligen Effekten durchgeführt. Das Modell mit zufälligen Effekten wurde gewählt und die Ergebnisse wurden interpretiert. Die verwendete ökonometrische Software war Gretl.

3.3. Ergebnisse und Interpretation

3.3.1. Abhängige Variable: Lebenserwartung bei der Geburt

Um das Ziel der multiplen Regressionsanalyse zu erreichen, nämlich die oben genannten Prädiktorvariablen zu verwenden, deren Werte für die Vorhersage des einzigen abhängigen Wertes der Lebenserwartung bei der Geburt bekannt sind, wurde die beliebteste sequenzielle Suchmethode verwendet, d. h. die schrittweise Schätzung, die es dem Forscher ermöglicht, den Beitrag jeder unabhängigen Variable zum Regressionsmodell zu untersuchen. Nach der Bewertung der Grundannahmen für die Regressionsanalyse wurde die Matrix der Korrelationskoeffizienten bestimmt.

Tabelle Nr. 6. **Korrelationskoeffizienten zwischen der endogenen Variable "Lebenserwartung bei der Geburt" und jeder exogenen Variable**

	x_i	ρ(Lebenserwartung bei der Geburt; x_i)
1	Öffentliche Gesundheitsausgaben	0.7100
2	Pro-Kopf-BIP	0.6133
3	Anzahl der Krankenschwestern	0.6024
4	Zahlungen aus eigener Tasche	0.4806
5	Anzahl von Ärzten	0.3818
6	Dauer des Aufenthalts	0.2135
7	Alkoholkonsum	0.1419
8	Anzahl der Krankenhausbetten	0.1142
9	Pharmazeutischer Verbrauch	0.1024
10	Anzahl der Arztkonsultationen	-0.0901

(*Quelle:* Bearbeitung durch die Autoren)

Abbildung Nr. 8. **Starke Korrelationen zwischen exogenen Variablen (p>0,5)**

ρ(length_stay ; doct_cons) = 0.6191 ρ(hosp_beds ; length_stay) = 0.7940

ρ(GDP_cap; nurses) = 0.6919 ρ(spending ; nurses) = 0.7842

ρ(hosp_beds ; doct_cons) = 0.7209 ρ(spending ; GDP_cap) = 0.8300

(*Quelle:* Bearbeitung durch die Autoren)

Multikollinearität wird von *Hair et al.* (2010) als die Korrelation zwischen zwei oder mehr unabhängigen Variablen definiert, die sich bei einer Regression gegen die anderen zeigt und in einem Regressionsmodell nicht erwünscht ist. Um die Vorhersage aus einer gegebenen Anzahl unabhängiger Variablen zu maximieren, sollten die Forscher daher nach unabhängigen Variablen suchen, die keine starke Multikollinearität mit den anderen unabhängigen Variablen aufweisen (*Abbildung 8*), aber auch eine starke Korrelation mit der abhängigen Variable haben (*Tabelle 6*). In der vorliegenden Studie wurde daher zunächst ein einfaches Regressionsmodell geschätzt, um die Lebenserwartung bei der Geburt in Abhängigkeit von den öffentlichen Gesundheitsausgaben pro Kopf, der exogenen Variable mit der höchsten Erklärungskraft, zu ermitteln. In einem zweiten Schritt wurden gemäß *Hair et al.* (2010) die unabhängigen Variablen mit der größten zusätzlichen Vorhersagekraft hinzugefügt. Die Summe der quadrierten Fehler nahm ab. Auf diese Weise wurde fortgefahren, weitere abhängige Variablen in das Modell aufzunehmen, solange sie nicht mit den zuvor eingeführten Variablen korreliert waren und solange sie den bereinigten R^2 des Gesamtmodells erhöhten. Laut *Hair et al.* (2010) basiert die Hinzufügung weiterer unabhängiger Variablen auf einem Kompromiss zwischen erhöhter Vorhersagekraft und übermäßiger Komplexität und potenziell irreführenden Ergebnissen. Das optimale Modell ist also Modell (3) aus *Tabelle Nr. 7*, das mit der Pooled-OLS-Technik geschätzt wurde.

Tabelle Nr. 7. **Mit der OLS-Technik geschätzte Modelle**

LE_Geburt	Modell (1)	Modell (2)	Modell (3)
Konstante	75.0549***	72.9435***	73.8835***
	(0.0000)	(0.0000)	(0.0000)
Öffentliche Gesundheitsausgaben	0.001897***	0.00201477***	0.002144***
	(0.0000)	(0.0000)	(0.0000)
Dauer des Aufenthalts		0.225636***	0.245695***
		(0.0000)	(0.0000)
Alkoholkonsum			-0.140903***
			(0.0000)
R^2	0.504033	0.585526	0.610529
Bereinigtes R^2	0.502249	0.582275	0.605578

In Klammern sind die p-Werte angegeben. *** bedeutet 1% Signifikanzniveau, ** 5% Signifikanzniveau und * 10% Signifikanzniveau.

(*Quelle:* Bearbeitung durch die Autoren)

Fachleute halten die gepoolte OLS für unwahrscheinlich, aber sie bietet eine Grundlage für Vergleiche mit komplexeren Schätzern. Daher wurde eine Paneldiagnose auf Modell (3) wie folgt angewandt:

- Die F-Testwahrscheinlichkeit testet die Nullhypothese von OLS gegen die Alternative von FEM. Ein niedriger p-Wert spricht gegen die Nullhypothese, dass das gepoolte OLS-Modell angemessen ist, und für die FE-Alternative. Der F-Test vergleicht das berechnete F des Modells (3) mit seinem Tabellenwert, wobei der p-Wert von 0,98 höher als 0,05 ist und zur Annahme von H_0 führt;

- Die Breusch-Pagan-Teststatistik testet die Nullhypothese von OLS (d. h. kein Paneleffekt) gegen H1 von REM. Ein niedriger p-Wert spricht gegen die Nullhypothese, dass das gepoolte OLS-Modell angemessen ist, und für die RE-Alternative. Der ermittelte p-Wert von 0,03 ist kleiner als 0,05, was zur Ablehnung von H_0 und zur Annahme von H_1 zugunsten von REM führt;

- Der Hausman-Test testet H_0 von RE gegen H1 von FE. Ein niedriger p-Wert spricht gegen die Nullhypothese, dass die REM konsistent ist, und für die FEM. Der p-Wert lag bei 0,72 und damit über dem Schwellenwert von 0,05, so dass die Zufallseffekte die beste Schätzung ergeben.

Die Gretl-Hilfe hat in der Tat bestätigt, dass eine größere Effizienz erzielt werden kann, wenn die verallgemeinerten kleinsten Quadrate (GLS) verwendet werden, die die Kovarianzstruktur des Fehlerterms berücksichtigen. Leider kann in Gretl Heteroskedastizität und/oder Autokorrelation für OLS und FEM getestet werden, aber derzeit nicht für RE. Dennoch blieb der Durbin-Watson-Wert der zuvor betrachteten Modelle in der Nähe des Wertes von 2, was darauf hindeutet, dass keine

Autokorrelation der Fehler vorliegt. Die Summe der quadrierten Residuen nahm weiter ab, je mehr unabhängige Variablen in das Modell aufgenommen wurden, bis auf 572,2. In anderen Zusammenhängen erfolgt die Modellauswahl anhand von gemessenen Kriterien. Daher wurden die bereinigten R2 der Modelle (1)-(3) sorgfältig überprüft, da das bereinigte R2 die Einbeziehung zusätzlicher Parameter unter sonst gleichen Bedingungen bestraft. Bei der Schätzung eines potenziellen Modells (4)th , bei dem der Arzneimittelverbrauch als vierte erklärende Variable eingeführt wurde, sank das bereinigte R2 auf 0,553012, so dass dieses Modell nicht berücksichtigt wurde.

Laut der Stata-Website ist die R-Quadrat-Statistik ein OLS-Konzept, das aufgrund der einzigartigen Art und Weise, wie es die Gesamtquadratsumme in die Summe der Modellquadratsumme und die Residualquadratsumme aufteilt, nützlich ist. Wenn die Parameter des Modells mit GLS geschätzt werden, kann die Gesamtsumme der Quadrate nicht auf dieselbe Weise aufgeschlüsselt werden, wodurch die R-Quadrat-Statistik als Diagnoseinstrument für GLS-Regressionen weniger nützlich ist. Insbesondere muss eine aus den GLS-Quadratsummen berechnete R-Quadrat-Statistik nicht zwischen Null und Eins begrenzt sein und stellt nicht den Prozentsatz der Gesamtvariation der abhängigen Variable dar, der durch das Modell erklärt wird.

Dann müssen verschiedene Informationskriterien berücksichtigt werden: Akaike's Information Criterion, Schwarz-Bayesian Information Criterion und Hannan-Quinn Criterion. Kleinere Werte sind besser, man möchte das gewählte Kriterium minimieren. So sanken die Werte dieser Kriterien bei RE von 1129,941 in Modell (1) auf 897,6218 in Modell (3).

Aus der *Abbildung Nr. 9* ist zu erkennen, dass das optimal gewählte Modell, das sowohl auf Hypothesentests als auch auf Informationskriterien beruht, die tatsächlichen Werte der Lebenserwartung bei der Geburt recht gut widerspiegelt.

Abbildung Nr. 9. **Tatsächliche und angepasste Werte der Lebenserwartung bei der Geburt mit dem REM**

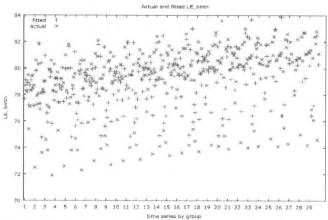

(*Quelle:* Bearbeitung durch die Autoren in Gretl)

3.3.2. Abhängige Variable: Säuglingssterblichkeitsrate

Wie bei der Lebenserwartung bei der Geburt wurde als sequenzielle Suchmethode eine schrittweise Schätzung verwendet, die es dem Forscher ermöglicht, den Beitrag jeder unabhängigen Variablen zum Regressionsmodell zu untersuchen. Nach der Bewertung der Grundannahmen für die Regressionsanalyse wurde die Matrix der Korrelationskoeffizienten bestimmt.

Es wurde die gleiche Argumentation wie im Fall der Lebenserwartung bei der Geburt angewandt, d. h. es wurde nach starken Korrelationen zwischen der endogenen und der exogenen Variable gesucht (*Tabelle Nr. 8*) und starke Korrelationen zwischen den erklärenden Variablen vermieden (*Abbildung Nr. 8*). So wurde zunächst die logarithmische Variable (Säuglingssterblichkeitsrate) als Funktion der öffentlichen Gesundheitsausgaben pro Kopf geschätzt, der exogenen Variable mit der höchsten Erklärungskraft. Anschließend wurden zusätzliche abhängige Variablen in das Modell aufgenommen, sofern sie nicht mit den zuvor aufgenommenen Variablen korreliert waren und sofern sie das bereinigte R_2 des Gesamtmodells erhöhten.

Tabelle Nr. 8. **Korrelationskoeffizienten zwischen der endogenen logarithmischen Variable (Säuglingssterblichkeitsrate) und jeder exogenen Variable**

	x_i	p(log (Säuglingssterblichkeitsrate); x_i)
1	Öffentliche Gesundheitsausgaben	-0.6153
2	Anzahl der Krankenschwestern	-0.5957
3	Pro-Kopf-BIP	-0.5629
4	Anzahl von Ärzten	-0.5259
5	Alkoholkonsum	-0.3880
6	Anzahl der Krankenhausbetten	-0.3238
7	Dauer des Aufenthalts	-0.3233
8	Zahlungen aus eigener Tasche	-0.3137
9	Anzahl der Arztkonsultationen	-0.1478
10	Pharmazeutischer Verbrauch	-0.0594

(Quelle: Bearbeitung durch die Autoren)

Alle Schätzungen wurden unter Verwendung der gepoolten OLS-Technik durchgeführt, da diese, wie bereits erwähnt, eine Grundlage für Vergleiche mit komplexeren Schätzern bietet. Die Unterscheidung anhand der Anpassungsgüte ergab drei Modelle (*Tabelle Nr. 9*), von denen das letzte bevorzugt wurde.

Tabelle Nr. 9. **Mit der OLS-Technik geschätzte Modelle**

Log (Säuglingssterblichkeitsrat	Modell (1)	Modell (2)	Modell (3)
Konstante	2.08031***	2.55402***	2.80650***
	(0.0000)	(0.0000)	(0.0000)
Öffentliche Gesundheitsausgaben	-0.000303109***	-0.000278172 ***	-0.000304735 ***
	(0.0000)	(0.0000)	(0.0000)

Alkoholkonsum		-0.0362715***	-0.0263992 ***
		(0.0000)	(0.0005)
Anzahl der Krankenhausbetten			-0.0550094***
			(0.0000)
R^2	0.378604	0.435915	0.551684
Angepasstes R^2	0.376336	0.431384	0.545862

In Klammern sind die p-Werte angegeben. *** bedeutet 1% Signifikanzniveau, ** 5% Signifikanzniveau und * 10% Signifikanzniveau.

(Quelle: Bearbeitung durch die Autoren)

Es folgte eine Paneldiagnose für das gewählte Modell (Modell 3). Die Ergebnisse der Paneldiagnose werden im Folgenden dargestellt:

- F-Test (H_0: gepooltes OLS-Modell ist adäquat, zugunsten der FE-Alternative, bei 5 % Signifikanzniveau); da der p-Wert 0,994094 (>0,05) betrug, wurde die Nullhypothese zugunsten von OLS akzeptiert;

- Breusch-Pagan-Test (H_0 : gepooltes OLS-Modell ist adäquat, zugunsten der REM-Alternative, bei einem Signifikanzniveau von 5 %); da der p-Wert 0,0195065 (<0,05) betrug, wurde die Nullhypothese abgelehnt und stattdessen die Alternative zugunsten der REM-Alternative akzeptiert;

- Hausman-Test (H_0 : REM ist adäquat, zugunsten der FEM-Alternative, bei 5% Signifikanzniveau); da der p-Wert 0,206988 (>0,05) betrug, wurde die Nullhypothese zugunsten von REM akzeptiert.

Nach dem F-Test, dem Breusch-Pagan-Test und dem Hausman-Test wurde die REM-Technik bevorzugt. Die endgültigen Ergebnisse werden im folgenden Abschnitt vorgestellt und interpretiert. Es wurden zusätzliche Variablen in das Modell aufgenommen, und die Anpassungsgüte wurde anhand von Akaike- und Schwartz-Infokriterien gemessen, um zwischen den neu geschätzten Modellen unterscheiden zu können. Es wurde Modell (3) gewählt.

Wie in *Abbildung Nr. 10* dargestellt. *10* ist zu erkennen, dass das optimal gewählte Modell, das sowohl auf Hypothesentests als auch auf Informationskriterien beruht, die tatsächlichen Werte der Lebenserwartung bei der Geburt recht gut widerspiegelt.

Abbildung Nr. 10. **Tatsächliche und angepasste Werte der Säuglingssterblichkeitsrate mit dem REM**

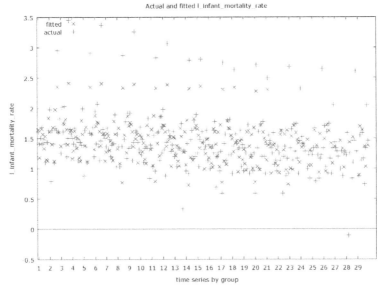

(*Quelle:* Bearbeitung durch die Autoren in Gretl)

Die endgültigen Ergebnisse werden im folgenden Abschnitt vorgestellt und interpretiert.

3.3.3. Endgültige Ergebnisse und Interpretation

Tabelle Nr. 10. **Mit der REM-Technik geschätzte Modelle**

	Abhängige Variable - Lebenserwartung bei der Geburt	Abhängige Variable - log (Säuglingssterblichkeitsrate)
Öffentliches Gesundheitswesen	0.00214449*** (3.14e-048)	-0.000290719*** (7.62e-030)
Dauer des Aufenthalts	0.245695*** (2.64e-013)	-
Alkoholkonsum	-0.140903*** (0.0003)	-0.0303145*** (0.0002)
Keine Krankenhausbetten	-	-0.0550094*** (9.10e-010)

Nachteile	73.8835*** (1.32e-236)	2.66810*** (1.04e-084)
Innere" Varianz	2.582	0.105155
Zwischen"-Abweichung	0.202103	0.0068338
Breusch-Pagan-Test	4.43973 (0.0351118)	5.45553 (0.0195065)
Hausman-Test	1.32403 (0.723435)	4.56014 (0.206988)
Anzahl der Beobachtungen	240	206

Die Ergebnisse wurden unter Verwendung statistischer Daten für 29 OECD-Länder über einen Zeitraum von 10 Jahren ermittelt. In Klammern sind die p-Werte angegeben. *** bedeutet 1% Signifikanzniveau, ** 5% Signifikanzniveau und * 10% Signifikanzniveau.

(*Quelle:* Bearbeitung durch die Autoren)

Tabelle Nr. 10 zeigt die Ergebnisse der besten Modelle, die mit Hilfe der GLS-Technik für die Lebenserwartung bei der Geburt bzw. für die Säuglingssterblichkeitsrate geschätzt wurden. Zunächst wurde die Lebenserwartung bei der Geburt als eine Funktion der öffentlichen Gesundheitsausgaben, der Aufenthaltsdauer und des Alkoholkonsums geschätzt. Alle geschätzten Koeffizienten sind bei einer Schwelle von 1 % signifikant, angegeben durch ***. Gemäß den vorherigen Annahmen besteht ein direkter Zusammenhang zwischen der Lebenserwartung bei der Geburt und den öffentlichen Gesundheitsausgaben sowie der Aufenthaltsdauer in Gesundheitseinrichtungen. So würde bei einer Erhöhung der öffentlichen Gesundheitsausgaben in den OECD-Ländern um 1 USD PPP/Kopf die Lebenserwartung der Bevölkerung bei der Geburt im Durchschnitt um 0,0022 Jahre steigen, wenn alle anderen Faktoren gleich bleiben; ein Tag Anstieg der Aufenthaltsdauer erhöht die Lebenserwartung bei der Geburt im Durchschnitt um 0,25 Jahre (3 Monate), wenn alle anderen Faktoren gleich bleiben. Außerdem besteht ein indirekter Zusammenhang zwischen Alkoholkonsum und Lebenserwartung bei der Geburt. So würde bei einem Anstieg des Alkoholkonsums in den OECD-Ländern um einen Liter pro Kopf die Lebenserwartung der Bevölkerung bei der Geburt im

Durchschnitt um 0,14 Jahre (fast zwei Monate) sinken, wenn alle anderen Faktoren gleich bleiben.

Weiterhin wurde die Kindersterblichkeitsrate in Abhängigkeit von den öffentlichen Gesundheitsausgaben, dem Alkoholkonsum und der Anzahl der Krankenhausbetten geschätzt. Alle geschätzten Koeffizienten sind bei einem Schwellenwert von 1 % signifikant, angegeben durch ***. Die vorherigen Annahmen wurden bestätigt: Es besteht ein negativer Zusammenhang zwischen der Säuglingssterblichkeitsrate und den öffentlichen Gesundheitsausgaben sowie der Aufenthaltsdauer in den Krankenhäusern. So sinkt die Säuglingssterblichkeitsrate in den OECD-Ländern bei einer Erhöhung der öffentlichen Gesundheitsausgaben um 1 USD KKP/Kopf im Durchschnitt um 0,029 %, wenn alle anderen Faktoren gleich bleiben; für ein zusätzliches Krankenhausbett/1.000 Einwohner in den OECD-Ländern sinkt die Säuglingssterblichkeitsrate im Durchschnitt um 5,5 %, wenn alle anderen Faktoren gleich bleiben. Was den Alkoholkonsum betrifft, so überraschen die Ergebnisse mit einem negativen Zusammenhang zwischen diesem und der abhängigen Variable. Diese Beziehung wurde jedoch bereits in dem Arbeitspapier *von Jumard et al.* (2010) bestätigt. Demnach würde bei einem Anstieg des Alkoholkonsums um einen Liter pro Kopf in den OECD-Ländern die Säuglingssterblichkeit im Durchschnitt um 3,03 % sinken, wenn alle anderen Faktoren gleich bleiben.

Schlussfolgerungen

Die aktuelle Studie zielte auf eine detaillierte Durchleuchtung von zwei Outputs des Gesundheitswesens, nämlich der Lebenserwartung bei der Geburt und der Säuglingssterblichkeitsrate, in 29 OECD-Ländern ab, die als Stellvertreter für den Gesundheitszustand der Bevölkerung und als Ausdruck der Effizienz des Gesundheitswesens dienen.

Die endgültigen Regressionen zur Erklärung der Lebenserwartung bei der Geburt und der Säuglingssterblichkeitsrate werden durch die Gleichungen (1) bzw. (2) dargestellt, die nachstehend wiedergegeben werden (alle geschätzten Koeffizienten ergaben eine Signifikanz an der 1%-Schwelle):

$$(1): life\_expectancy\_at\_birth = 73.8835 + 0.00214449 * public\_healthcare\_spending + 0.245695 * ALOS - 0.140903 * alcohol\ consumption + \varepsilon$$

$$(2): log(infant\_mortality\_rate) = 2.80650 - 0.000304735 * public\_healthcare\_spending - 0.0263992 * number\_of\_hospital\_beds - 0.0550094 * alcohol\ consumption + \varepsilon$$

Die aktuellen Ergebnisse weisen darauf hin, dass die Lebenserwartung bei der Geburt zu einem großen Teil durch die öffentlichen Ausgaben für das Gesundheitswesen erklärt wird, d. h. je mehr öffentliche Investitionen in die Gesundheitssysteme der OECD-Länder fließen, desto besser steigt die allgemeine Lebenserwartung. Die Anzahl der Tage, die in Gesundheitseinrichtungen verbracht wurden, hatte ebenfalls einen positiven Einfluss auf die Lebenserwartung bei der Geburt, während der Alkoholkonsum negativ mit der Lebenserwartung bei der Geburt korreliert war, was keine Überraschung ist. Andererseits wird die Säuglingssterblichkeitsrate durch die öffentlichen Gesundheitsausgaben, die Anzahl der Krankenhausbetten und den Alkoholkonsum negativ beeinflusst.

Die länderübergreifenden Unterschiede im Gesundheitszustand sowie die wichtigsten Faktoren, die sie erklären, sind in den *Tabellen Nr. 11 und 12* dargestellt. *11 und 12 dargestellt*. Die Werte werden als Differenz zwischen den Ländern und dem OECD-Durchschnitt für jede Variable berechnet, ausgedrückt in Jahren, basierend auf Daten aus 2011 oder dem letzten verfügbaren Jahr. Der länderspezifische Effekt wurde jedoch als Differenz zwischen dem Wert der exogenen Variable und der Summe der anderen endogenen Variablen berechnet.

Wie in *Tabelle Nr. 11* dargestellt. Die Differenz zwischen der Lebenserwartung bei der Geburt in Land X und dem OECD-Durchschnitt liegt zwischen - 5,84242 Jahren in Mexiko und 2,75758 Jahren in der Schweiz, was einer maximalen Spanne von 8,6 Jahren entspricht. Eine in der Schweiz lebende Person hat bei der Geburt eine um 2,75758 Jahre (2 Jahre und 9 Monate) höhere Lebenserwartung als der OECD-Durchschnitt; von diesen Jahren macht jeder Anstieg der öffentlichen Ausgaben um einen USD KKP drei Tage im Plus, jeder Anstieg der ALOS um einen Tag acht Monate im Plus und jeder Liter konsumierten Alkohols fünf Monate im Minus aus.

Im Durchschnitt erzielten die Länder der Gruppe 3 die beste Leistung bei der Lebenserwartung bei der Geburt und die Länder der Gruppe 5 die niedrigste. Dennoch weichen die Werte für die Länder in jeder Gruppe stark vom Durchschnitt ab, was darauf hindeutet, dass kein Gesundheitssystem das andere bei der Bereitstellung einer kosteneffizienten Gesundheitsversorgung übertrifft, so dass in allen sechs Ländergruppen Spielraum für eine Verbesserung des Preis-Leistungs-Verhältnisses besteht und keine allgemeinen politischen Empfehlungen abgeleitet werden können; dasselbe gilt für die Unterschiede bei der Säuglingssterblichkeitsrate (*Tabelle Nr. 12*).

Zu den zukünftigen Richtungen der aktuellen Studie gehört die Entwicklung zukünftiger Studien mit einigen anderen abhängigen Variablen, wie z. B. Lebenserwartung im Alter von 65 Jahren, mögliche verlorene Lebensjahre und/oder zugängliche Sterblichkeitsrate. Es wäre interessant, getrennt nach Geschlecht oder Altersgruppen zu testen, da andere Forscher signifikante Ergebnisse dieser Art erzielt haben. Was die verwendeten Schätztechniken für Paneldaten betrifft, so kommen unter anderem ein dynamisches Panelmodell und eine Datenumhüllungsanalyse in Frage. Auch die Ausweitung der Analyse auf einen größeren Datensatz, indem auch Rumänien einbezogen wird, ist ein wichtiges Ziel für künftige Studien.

Alles in allem ist die Lebenserwartung bei der Geburt zwar weiter gestiegen und die Kindersterblichkeitsrate gesunken, doch bedeutet ein längeres Leben nicht unbedingt, dass wir auch besser oder gesünder leben. Daher muss der Verbesserung des individuellen Lebensstils und der Förderung einer gesünderen Lebensweise große Bedeutung beigemessen werden.

Tabelle Nr. 11. **Beiträge der wichtigsten erklärenden Variablen zu den länderübergreifenden Unterschieden in der Lebenserwartung bei der Geburt**

Unterschiede zwischen den Ländern und dem OECD-Durchschnitt für jede Variable, ausgedrückt in Jahren, 2011 oder dem letzten verfügbaren Jahr

Land	Lebenserwartung bei der Geburt	Determinanten			
		Öffentliche Gesundheitsausgaben	Durchschnittliche Dauer des Aufenthalts	Alkoholkonsum	Länderspezifische Auswirkungen
GRUPPE 1					
Deutschland	0.75758	0.00162	0.18613	-0.10674	0.67657
Niederlande	1.25758	0.00270	0.30898	-0.17720	1.1231
Slowakische Republik	-3.94242	-0.00845	-0.96863	0.55550	-3.52084
Schweiz	2.75758	0.00591	0.67752	-0.38855	2.4627
GRUPPE 2					
Australien	1.95758	0.00420	0.48097	-0.27583	1.74824
Belgien	0.45758	0.00098	0.11242	-0.06447	0.40865
Kanada	0.95758	0.00205	0.23527	-0.13493	0.85519
Frankreich	2.15758	0.00463	0.53011	-0.30401	1.92685
GRUPPE 3					
Österreich	1.05758	0.00227	0.25984	-0.14902	0.94449

Tschechische Republik	-2.04242	-0.00438	-0.50181	0.28778	-1.82401
Griechenland	0.75758	0.00162	0.18613	-0.10674	0.67657
Japan	2.65758	0.00570	0.65295	-0.37446	2.37339
Korea	1.05758	0.00227	0.25984	-0.14902	0.94449
Luxemburg	1.05758	0.00227	0.25984	-0.14902	0.94449
GRUPPE 4					
Island	2.35758	0.00506	0.57924	-0.33219	2.10547
Schweden	1.85758	0.00398	0.45640	-0.26174	1.65894
Türkei	-5.44242	-0.01167	-1.33718	0.76685	-4.86042
GRUPPE 5					
Dänemark	-0.14242	-0.00031	-0.03499	0.02007	-0.12719
Finnland	0.55758	0.00120	0.13699	-0.07856	0.49795
Mexiko	-5.84242	-0.01253	-1.43545	0.82322	-5.21766
Portugal	0.75758	0.00162	0.18613	-0.10674	0.67657
Spanien	2.35758	0.00506	0.57924	-0.33219	2.10547
GRUPPE 6					
Ungarn	-5.04242	-0.01081	-1.23890	0.71049	-4.5032
Irland	0.55758	0.00120	0.13699	-0.07856	0.49795
Italien	2.65758	0.00570	0.65295	-0.37446	2.37339
Neuseeland	1.15758	0.00248	0.28441	-0.16311	1.0338
Norwegen	1.35758	0.00291	0.33355	-0.19129	1.21241
Polen	-3.14242	-0.00674	-0.77208	0.44278	-2.80638
Vereinigtes Königreich	1.05758	0.00227	0.25984	-0.14902	0.94449
Memorandum, Artikel					
Maximale Reichweite	8.6	0.01844	2.11297	1.21177	7.68036
Geschätzte Koeffizienten		0.00214449 ***	0.245695***	-0.140903***	

(*Quelle:* Bearbeitung durch die Autoren)

Tabelle Nr. 12. **Beiträge der wichtigsten erklärenden Variablen zu den länderübergreifenden Unterschieden in der Säuglingssterblichkeitsrate**

Unterschiede zwischen den Ländern und dem OECD-Durchschnitt für jede Variable, ausgedrückt in Jahren, 2011 oder dem letzten verfügbaren Jahr

Land	Säuglingssterblichkeitsrate	Determinanten			
		Öffentliche Gesundheitsausgaben	Anzahl der Krankenhausbetten	Alkoholkonsum	Länderspezifische Auswirkungen
GRUPPE 1					
Deutschland	-0.30667	-0.0000892	0.016869549	0.009296447	-0.3327468
Niederlande	-0.30667	-0.0000892	0.016869549	0.009296447	-0.3327468
Slowakische Republik	0.99333	0.0002887	-0.054642671	-0.030112403	1.07779

Schweiz	-0.10667	-0.000031	0.005867669	0.003233547	-0.11574
GRUPPE 2					
Australien	-0.10667	-0.000031	0.005867669	0.003233547	-0.11574
Belgien	-0.60667	-0.000176	0.033372369	0.018390797	-0.65826
Kanada	0.99333	0.00028878	-0.05464267	-0.030112403	1.077796
Frankreich	-0.40667	-0.0001183	0.022370489	0.012327897	-0.44125
GRUPPE 3					
Österreich	-0.30667	-0.0000892	0.016869549	0.009296447	-0.33275
Tschechische Republik	-1.20667	-0.0003508	0.066378009	0.036579497	-1.30928
Griechenland	-0.50667	-0.0001473	0.027871429	0.015359347	-0.54975
Japan	-1.60667	-0.0004671	0.088381769	0.048705297	-1.74329
Korea	-0.90667	-0.0002636	0.049875189	0.027485147	-0.98377
Luxemburg	0.39333	0.00011434	-0.0216371	-0.011923703	0.426776
GRUPPE 4					
Island	-3.00667	-0.0008741	0.165394929	0.091145597	-3.26234
Schweden	-1.80667	-0.0005252	0.099383649	0.054768197	-1.9603
Türkei	3.79333	0.00110279	-0.20866899	-0.114993003	4.115889
GRUPPE 5					
Dänemark	-0.30667	-0.0000892	0.016869549	0.009296447	-0.33275
Finnland	-1.50667	-0.0004381	0.082880829	0.045673847	-1.63479
Mexiko	9.69333	0.00281803	-0.53322445	-0.293848553	10.51758
Portugal	-0.80667	-0.0002346	0.044374249	0.024453697	-0.87526
Spanien	-0.70667	-0.0002055	0.038873309	0.021422247	-0.76676
GRUPPE 6					
Ungarn	0.99333	0.00028878	-0.05464267	-0.030112403	1.077796
Irland	-0.40667	-0.0001183	0.022370489	0.012327897	-0.44125
Italien	-0.50667	-0.0001473	0.027871429	0.015359347	-0.54975
Neuseeland	1.59333	0.00046321	-0.08764831	-0.048301103	1.728816
Norwegen	-1.50667	-0.0004381	0.082880829	-0.048301103	-1.54081
Polen	0.79333	0.00023063	-0.04364079	-0.024049503	0.86079
Vereinigtes Königreich	0.39333	0.00011434	-0.02163703	-0.011923703	0.426776
Memorandum, Artikel					
Maximale Reichweite	12.7	0.004	0.7	0.4	13.8
Geschätzte Koeffizienten		- 0.0290719% ***	-5.50094% ***	-3.03145% ***	

(*Quelle:* Bearbeitung durch die Autoren)

Referenzen

Adkins, L.E. (2010). *Using Gretl for Principles of Econometrics, 3rd Edition*. Oklahoma State University, Vereinigte Staaten, auch online verfügbar unter http://www.LearnEconometrics.com/gretl.html

Frech III, H. E., und Miller, D. R. Jr. (2004), The Effects of Pharmaceutical Consumption and Obesity on the Quality of Life in the Organization of Economic Cooperation and Development (OECD) Countries, *Pharmacoeconomics*, Issue 22, pp. 25-36

Hair J.F., Black W.C., Babin B.J., Anderson R.E (2010). *Multivariate Datenanalyse*. Seventh Edition, Pearson Prentice Hall, Vereinigte Staaten von Amerika

Internationale Gesundheitskonferenz (1946). *Präambel zur Verfassung der Weltgesundheitsorganisation*. New York

Johnson, B. und Christensen, L. (2010). *Bildungsforschung: Quantitative, Qualitative, and Mixed Approaches*. Fourth Edition, SAGE Publications, London, Vereinigtes Königreich

Joumard I., Andre C. und Nicq C. (2010), Health Care Systems: Efficiency and Institutions, *OECD Economics Department Working Papers*, Nr. 769, OECD Publishing, Paris CEDEX, Frankreich. Auch online verfügbar unter: http://dx.doi.org/10.1787/5kmfp51f5f9t-en

Lameire, N., Joffel, P. und Wiedemann, R (1999), Healthcare systems - an international review: an overview, *Nephrol Dial Transplant*

Nisulescu I., Pana E.C. (2013), Study on the place of Romania in the health system of the European Union, *Annals Of The University Of Oradea*, Economic Science Series

Nistor, I. A. und Vaidean, V.L. (2010), Econometric Modeling of Romania's Public Healthcare Expenses - County Panel Study, *Annales Universitatis Apulensis Series Oeconomica*, 12(1)

OECD (2011). *Gesundheit auf einen Blick 2011: OECD Indicators*. Paris CEDEX, Frankreich, OECD Publishing. Auch online verfügbar unter: http://dx.doi.org/10.1787/health glance-2011-de

OECD (2013). *Arbeiten zur Gesundheit 2013-2014*. OECD Publishing, Paris CEDEX, Frankreich

OECD (2001). *OECD Health Data 2001: A Comparative Analysis of 30 Countries*. OECD Publishing, Paris CEDEX, Frankreich

Paris V., Devaux M. und Wei L. (2010), Health Systems Institutional Characteristics: A survey of 29 OECD Countries, *OECD Health working papers*, No. 50, OECD Publishing, Paris CEDEX, Frankreich.

Ramesh M., Mirmirani S. (2008), An Assessment of OECD Health Care System Using Panel Data Analysis, *Southwest Business & Economics Journal*, Issue 16, pp. 21-35.

Rumänisches Außenministerium: Rumäniens Kandidatur für die OECD-Mitgliedschaft. Online verfügbar unter http://www.mae.ro/en/node/18543

Saunders, M., Lewis, P. und Thornhill, A. (2009). *Forschungsmethoden für Wirtschaftsstudenten. Fünfte Auflage*. Pearson Education Ltd., England

Shaw J.W., Horrace W.C., Vogel R.J. (2005), The Determinants of Life Expectancy: An Analysis of the OECD Health Data, *Southern Economic Journal* 71, no. 4, pp. 768-

UNFPA-Missionserklärung. Online verfügbar unter: http://web.unfpa.org/about/mission.htm

Generalversammlung der Vereinten Nationen (1948). *Allgemeine Erklärung der Menschenrechte*. Online verfügbar unter http://www.humanrights.com/what-are-human-rights/universal-declaration-of-human-rights/preamble.html

Vereinte Nationen (2012). *United Nations at a Glance*. New York, Vereinigte Staaten von Amerika, United Nations Publications.

Generalversammlung der Vereinten Nationen (1966). *Internationaler Pakt über wirtschaftliche, soziale und kulturelle Rechte*. Online verfügbar unter http://www.ohchr.org/EN/ProfessionalInterest/Pages/CESCR.aspx

Generalversammlung der Vereinten Nationen (2000). *Millenniums-Erklärung*. Online verfügbar unter
http://www.un.org/millennium/declaration/ares552e.htm

Vaidean V.L., Ferent-Pipas M. (2015), The Infant Mortality Rate in OECD Countries - Determinants and Implications, *Bulletin of University of Agricultural Sciences and Veterinary Medicine*, Economics and Rural Development, Vol. 72, Issue 2, pp. 493-502

Vaidean V.L., Ferent-Pipas M. (2014), Health andHealthcare Indicators - Panel Data Analysis for OECD Countries, *International Journal of Academic Research in Business and Social Sciences*, Vol. 4, Issue 8, pp. 76-99

Vaidean V. L., Cuceu I. C., Manta St. (2011), Econometric Modeling of Healthcare

Expenditure - EU-27 Panel Study, *Annals of the Ovidius University*, Economic Sciences Series Volume XI, Issue 1/2011, pp. 2269-2273

Vaidean, V. L. (2010). *Sistemul romanesc al asigurarilor de sanatate in context European*. Risoprint Publishing House, Cluj-Napoca

Weltgesundheitsorganisation (2013). *Gesundheit 2020: Die europäische Politik für Gesundheit und Wohlbefinden*. Verlag der Weltgesundheitsorganisation

I want morebooks!

Buy your books fast and straightforward online - at one of world's fastest growing online book stores! Environmentally sound due to Print-on-Demand technologies.

Buy your books online at
www.morebooks.shop

Kaufen Sie Ihre Bücher schnell und unkompliziert online – auf einer der am schnellsten wachsenden Buchhandelsplattformen weltweit! Dank Print-On-Demand umwelt- und ressourcenschonend produziert.

Bücher schneller online kaufen
www.morebooks.shop

info@omniscriptum.com
www.omniscriptum.com

Milton Keynes UK
Ingram Content Group UK Ltd.
UKHW032227011124
450424UK00002B/378